中央党校（国家行政学院）
国家高端智库系列丛书

中国经济
如何稳中求进

中央党校（国家行政学院）经济学部◎编著

曹 立◎主编

人民出版社

目　录

第一章
科学思想指引中国经济稳中求进

　　举什么旗，走什么路，用什么思想指导，对一个国家的发展来说至关重要。习近平新时代中国特色社会主义经济思想为中国经济行稳致远指明了方向。开启第二个百年奋斗目标进军新征程，必须以习近平经济思想为指引。观大势——2022 年我国发展面临的风险挑战明显增多，经济面临下行压力，但我国经济长期向好的基本面不会改变。谋全局——要深刻理解和把握高质量发展是经济发展的时代主题。干实事——用好"五个有利条件"，走好"五个必由之路"，推动中国经济稳中求进。

2022 年将召开中国共产党第二十次全国代表大会,是党和国家事业发展进程中十分重要的一年,面对疫情防控和经济下行的压力,稳定经济发展显得尤为重要。2021 年中央经济工作会议上,习近平总书记概括了做好经济工作的规律性认识,对当前我国经济发展中面临许多新的重大理论和实践问题进行了深刻阐释,进一步深化了对我国经济发展规律的认识,是习近平经济思想的丰富和发展,为中国经济行稳致远指明了方向。在 2022 年全国两会上,习近平总书记首次鲜明提出"五个必由之路"的重大论断,阐述我国发展仍具有的战略性的"五个有利条件",深刻揭示了新时代我们为什么成功、未来我们怎样继续成功的中国密码,具有重大现实意义和深远历史意义。

一、观大势:科学认识中国经济发展的基本面

2021 年是"十四五"开局之年,面对复杂严峻的国内外形势和诸多风险挑战,全年主要目标任务较好完成,我国发展取得了新的重大成就。2021 年,我国国内生产总值比上年增长 8.1%,高于 6%以上的预期目标,经济增速在全球主要经济体中名列前茅;人均国内生产总值 80976 元,按年平均汇率折算,达 1.25 万美元,突破了 1.2 万美元。2021 年末,我国外汇储备余额 32502 亿美元,稳居世界第

中国经济如何稳中求进

一。经济总量达 114.4 万亿元，突破 110 万亿元，按年平均汇率折算，达 17.7 万亿美元，稳居世界第二，占全球经济的比重预计超过 18%。我国统筹疫情防控与经济社会发展对全球作出巨大贡献，我国经济增长对世界经济增长的贡献率预计将达到 25% 左右，是引领世界经济恢复的重要力量。但是，由于全球疫情仍在持续，世界经济复苏动力不足，大宗商品价格高位波动，外部环境更趋复杂严峻和不确定。我国经济发展面临需求收缩、供给冲击、预期转弱三重压力。

需求收缩主要表现在：一是房地产市场进入长周期下行阶段，且短期内仍在降温，开发投资明年甚至可能出现负增长；二是由于受疫情间歇式冲击以及居民收入增速放缓拖累，旅游出行尚未恢复到疫情前水平，整体消费仍显低迷；三是随着国际疫情逐渐缓和以及其他国家产能恢复，我国出口将面临市占率下降和放缓趋势。

供给冲击主要表现在：一方面，由于受到新冠肺炎疫情和逆全球化浪潮冲击，全球价值链出现阻滞情况，煤炭、石油等上游产品以及芯片等中间产品供给不足；另一方面，绿色低碳发展已成大势所趋，但在由传统能源向新能源转换过程中，可能面临阶段性能源不足情况。

预期转弱主要表现在：一方面，居民消费倾向下降、储蓄倾向提升，两者之间的差距逐渐拉大；另一方面，企业特别是中下游企业由于面临上游价格上涨和终端需求不足的双重挤压，经营压力上升，继续扩大投资意愿不足。

显然，应对三重压力，保持经济增长在合理区间，是今年经济发展的主要任务。综合研判国内外形势，今年我国发展面临的风险挑战明显增多，必须爬坡过坎。需要客观分析中国经济发展的机遇和挑战，准确把握中国经济发展的有利条件，坚定发展信心。

（一）用好"五个有利条件"，走好"五个必由之路"

举什么旗，走什么路，用什么思想指导，对一个国家的发展来说至关重要。2022年3月5日，习近平总书记在参加十三届全国人大五次会议内蒙古代表团审议时，回顾新时代党和人民奋进历程，鲜明提出"五个必由之路"的重大论断："坚持党的全面领导是坚持和发展中国特色社会主义的必由之路""中国特色社会主义是实现中华民族伟大复兴的必由之路""团结奋斗是中国人民创造历史伟业的必由之路""贯彻新发展理念是新时代我国发展壮大的必由之路""全面从严治党是党永葆生机活力、走好新的赶考之路的必由之路"。"五个必由之路"重要认识，蕴含着新时代中国从胜利走向更大胜利的理论逻辑。形势越是复杂严峻，越要从"五个必由之路"中把握历史规律；任务越是艰巨繁重，越要从党和人民新时代的奋斗历程中汲取智慧和营养，把握历史主动。"五个必由之路"重大论断，是我们党着眼全局、应对变局，对治国理政规律认识的最新成果。

3月6日，习近平总书记看望参加全国政协十三届五次会议的农业界、社会福利和社会保障界委员时强调，"我们要看到，我国发展仍具有诸多战略性的有利条件。"总书记从中国共产党的坚强领导、中国特色社会主义制度的显著优势、持续快速发展积累的坚实基础、长期稳定的社会环境、自信自强的精神力量等五个方面，深刻阐明了我国发展具有的战略性的有利条件。"五个战略性有利条件"的重大论断，为推动中国经济社会平稳健康发展提供了重要认识论和方法论，为新时代新征程开创党和国家事业新局面提供了坚强思想保证和强大精神力量，必将引领中国在"必由之路"上攻坚克难、行稳致远。

（二）中国经济长期向好的基本面不会改变

今年我国发展面临的风险挑战明显增多，经济发展稳中有变，变中有忧，经济面临下行压力，但我国经济长期向好的基本面不会改变，持续发展具有多方面有利条件。一国经济发展的基本面，可以理解为一个国家的经济发展在中长期所表现出来的基本状况或者基本趋势。经济运行会受到各种因素的影响而发生短期波动，甚至出现巨大的波动，但经济的长期增长趋势通常不会因短期波动而发生根本性的改变。所以，用全面、辩证、长远的眼光观察一个国家的经济形势，就是看其长期趋势而非短期波动。一般来说，那些决定经济增长长期走向的基本经济变量，就是决定经济基本面的因素。

经济发展的长短期影响因素，也可以理解为驱动经济增长的动力，分为需求拉动和供给推动两个方面。需求拉动，即消费、投资、出口三驾马车拉动的经济增长；供给推动，就是通过要素投入、结构优化、制度变革推动的经济增长。通常情况下，短期因素会影响需求侧的变化，引起经济增长的短期变化；供给侧一般属于长期因素，表现为要素投入的总量是否巨大、供给体系的结构是否优化。除此之外，制度作为一个重要因素，也对经济发展的长期趋势具有非常重要的影响，同样的要素总量、供给结构，在不同的制度下会产生不同的产出效率。这意味着，不同的制度条件会导致不同的经济基本面。中国改革开放以来取得的举世瞩目的经济成就，根本上来自在党的领导下，在实践中形成并不断完善中国特色社会主义经济制度，成功实现了经济转型。所以，分析经济的基本面，除了观察前面所讲的供需条件等因素，还要看制度条件是否适合本国国情，是否有利于经济的长期增长。

中国是个大国，大国的一大优势，就是有充足的回旋空间来抵御风险挑战。正如习近平总书记所强调的："尽管国际国内形势发生了深刻复杂变化，但我国经济稳中向好、长期向好的基本面没有变，我国经济潜力足、韧性大、活力强、回旋空间大、政策工具多的基本特点没有变，我国发展具有的多方面优势和条件没有变。"① 从发展的基础上看，决定我国经济长期向好的基本面主要有如下因素。

1. 我国发展的内生动力依然强劲。我国仍处在成长上升期，发展的内生动力依然强劲，需求和供给有很多有利条件。我国正处在新型工业化、信息化、城镇化、农业现代化同步发展进程中，拥有 14 亿多人的消费市场，在满足人民日益增长的美好生活需要、解决发展不平衡不充分问题的过程中，所产生的需求将会是全面的、巨大的、持久的。根据第七次全国人口普查结果，2020 年，居住在乡村的人口为 5.1 亿，占全国总人口的 36.1%，庞大的农村人口决定了超大的农村消费市场规模，就需求潜力而言，农村消费市场潜力巨大。同时，中国已经成为世界第二大经济体、制造业第一大国、货物贸易第一大国、商品消费第二大国、外资流入第二大国、外汇储备第一大国。我国积累的雄厚物质基础、丰富人力资源、完整产业体系、强大科技实力，使外生冲击难以动摇中国长期稳定发展的坚实基础。

2. 新型城镇化快速发展激发了内需潜力。城镇化是现代化的必由之路，也是我国最大的需求潜力所在，对推动经济社会平稳健康发展、构建新发展格局、促进共同富裕都具有重要意义。当前，我国城镇化已经处于快速发展的中后期，正在转向全面提升质量的新阶段，城镇化动力仍然强劲，蕴含着巨大内需潜力和强大发展动能。城镇化

---

① 习近平：《在基层代表座谈会上的讲话》，人民出版社 2020 年版，第 5—6 页。

水平和质量稳步提升，2021 年末常住人口城镇化率达到 64.72%，户籍人口城镇化率提高到 46.7%，分别比上年提高 0.83 个和 1.3 个百分点，两个城镇化率差距自"十三五"以来首次缩小。城市群都市圈承载能力稳步提升，京津冀协同发展、长三角一体化发展、粤港澳大湾区建设扎实推进、成渝地区双城经济圈建设势头强劲、长江中游等城市群加快发展，内需潜力进一步释放。

3. 深化供给侧结构性改革拓展了增长空间。供给侧结构性矛盾是现阶段我国经济运行的主要矛盾，党中央提出供给侧结构性改革成为新时代经济发展的主线。2016 年以来，供给侧结构性改革取得明显进展，化解了大量过剩产能，处置了一批"僵尸企业"，宏观杠杆率趋于稳定，过高的房价得到遏制，新产业新产品新技术新模式不断涌现、带动力增大。2018 年以来，深化供给侧结构性改革重点是实行"巩固、增强、提升、畅通"的方针，更多用市场化法治化手段矫正要素配置扭曲。同时，政府转变职能，深化"放管服"改革，激发 1.5 亿市场主体的活力，极大地释放了潜在生产力和创造力。

4. 经济制度的显著优势加快释放。我国的基本经济制度，既可以发挥公有制主体的控制力、影响力和抗风险能力，守住经济发展的基本盘，又可以依靠非公有制的经济活力和竞争力，让一切创造财富的源泉充分迸发，还可以发挥混合所有制经济的组合优势，形成公有制经济和非公有制经济共生共荣的良好生态；既可以通过按劳分配确保工资收入占比和劳动收入占比保持在合理水平，守住公平分配底线，又可以通过多种分配方式形成有效激励，扩大技术、知识、数据等新生产要素投入发展新经济，还可以通过完善要素分配机制，形成引领发展新产业、新业态、新模式的有效市场体系；既可以发挥市场对资源配置的决定性作用，守住经济发展质量变革、效率变革、动力变革的基本方向，又可以更好发挥政府作用，防范市场失灵造成的系统性经济风险，还可以发挥市场与政府的有效组合，形成市场机制有效、微观主体有活力、宏观调控有度的经济体制。

综上，我国经济长期向好的基本面，是由我国制度优势、经济基础、发展潜力等多种因素共同决定的，是长期起作用的基本格局。面对疫情严重冲击，我国经济经受住压力测试，在疫情防控和经济恢复上都走在世界前列，显示了中国的强大修复能力和旺盛生机活力，显示了我国经济潜力足、韧性强、回旋空间大。实践证明，我们有坚强决心、坚定意志、坚实国力应对挑战，有足够的底气、能力、智慧战胜各种风险考验。我们完全有信心、有能力保持经济社会良好发展势头。

二、谋全局：把握经济高质量发展的时代主题

2021年中央经济工作会议是在开启向第二个百年奋斗目标进军新征程的重要历史时刻召开的，节点关键，意义重大。在这次中央经济工作会议上，习近平总书记发表重要讲话，总结2021年经济工作，分析当前经济形势，部署2022年经济工作，概括了对做好经济工作的规律性认识，强调必须坚持高质量发展，坚持以经济建设为中心是党的基本路线的要求，全党都要聚精会神贯彻执行，推动经济实现质的稳步提升和量的合理增长。

（一）高质量发展是经济发展的时代主题

2021年3月7日，习近平总书记在参加十三届全国人大四次会议

青海代表团审议时强调，高质量发展是"十四五"乃至更长时期我国经济社会发展的主题，关系我国社会主义现代化建设全局。高质量发展成为新时代发展的主题，意味着党对经济发展规律有了更深刻的认知和理解，对把握规律、遵循规律、运用规律有了更大的自觉和更强的能力。所谓高质量发展，"就是能够很好满足人民日益增长的美好生活需要的发展，是体现新发展理念的发展，是创新成为第一动力、协调成为内生特点、绿色成为普遍形态、开放成为必由之路、共享成为根本目的的发展"[1]。高质量发展作为一种由发展质量相对不高到质量相对较高的动态过程，可以从质量变革、效率变革、动力变革三个方面来理解：质量变革反映了经济发展的结果，要求经济发展不再单纯以追求经济增长率为目标，要体现创新、协调、绿色、开放、共享的新发展理念，提升经济发展的综合质量；效率变革体现了经济发展的方式，要求摒弃传统的高投入、高能耗、高排放的粗放发展模式，要注重全要素生产率的提升和要素配置扭曲的改善；动力变革体现了经济发展的动能转换，要求经济发展不应长期以大量要素投入的低成本优势来驱动，要从要素驱动向创新驱动转变。因此，从本质上看，高质量发展是我国经济发展的一种更大范围、更宽领域、更高层次的综合性重大战略，促进经济发展方式整体跃升，解决我国经济发展中的不平衡、不协调、不可持续问题，更好满足人民对美好生活的向往，使我国经济迈上更高质量、更有效率、更加公平、更可持续、更为安全的发展之路。

（二）实现经济高质量发展的基本要求

1. 高质量发展要突出稳增长。一方面，合理的经济增长水平是实

---

① 《习近平谈治国理政》第三卷，外文出版社 2020 年版，第 238 页。

现新增就业、居民收入、国际收支平衡等发展目标的保障。2022年高校毕业生超过1000万人，而且有2亿灵活就业人员，在经济增速回落背景下，稳岗稳就业压力不容忽视，必须要提高经济增长的就业带动力。另一方面，合理的经济增长水平是防范化解潜在风险的需要。目前，企业杠杆率仍处于较高水平，部分地方政府财力和债务压力不小，为保持杠杆率基本稳定，防范化解违约风险，经济增长必须保持在合理区间。

2.高质量发展要立足扩大内需。扩大内需是对冲世界经济下行压力的必然选择，也是应对各种风险挑战的战略基点。新冠肺炎疫情在全球扩散蔓延，世界经济出现严重衰退，不确定不稳定因素显著增多。只有着力扩大内需，才能有效对冲经济下行压力，保持我国产业链供应链的稳定性和竞争力，促进产业链协同复工复产达产；才能为全球产业链供应链稳定提供有力支撑，为世界经济恢复增长作出更大贡献。内需是我国经济发展的基本动力，扩大内需是满足人民日益增长的美好生活需要的必然要求。坚定实施扩大内需战略，把我国超大规模市场优势和内需潜力充分激发出来，将有力推动我国经济攻坚克难，把疫情造成的损失和外部环境影响降到最低限度。实施好扩大内需战略，需要充分发挥消费的基础作用，畅通国内经济循环，有效应对疫情给经济社会发展带来的冲击，推动社会再生产循环往复顺利进行，推动经济高质量发展。投资相比消费和外贸，乘数效应大，受疫情影响小，对经济增长的拉动作用明显。扩大有效投资，发挥投资的关键作用，是积极扩大内需、有效应对疫情冲击、缓解当前经济下行压力的重要手段。

3.高质量发展要坚持以供给侧结构性改革为主线。长期看，我国经济运行的主要问题是供给结构不合理、供给质量不高等结构性问题。短期看，疫情冲击是当前我国经济发展面临的最大挑战，既加大了我国经济下行压力，又使得经济发展中本已存在的结构性问题更加凸显。因此，发挥投资的关键作用，必须坚持以供给侧结构性改革为主线，协调好投资政策的长期目标与短期目标。一是推进5G、人工智能等新型基础设施建设，夯实战略性新兴产业发展的基础。二是加大交通、水利、能源等领域投资力度，加大传统基础设施升级改造力度，如桥梁、铁路、公路、机场、棚户区的升级改造，水电气基础设施、城市地下管网以及农田水利设施的升级改造等。三是形成有利于创新的市场环境和制度安排，充分激发创新创造活力，以创新引领经济发展方式转变、经济结构升级、发展动力转换。

4.高质量发展要把实体经济特别是制造业做实做强做优。习近平总书记指出："不论经济发展到什么时候，实体经济都是我国经济发展、我们在国际经济竞争中赢得主动的根基"[1]，"必须把发展经济的着力点放在实体经济上"[2]。着力推进技术创新，突破技术瓶颈，促进我国制造业从边缘产品、零部件制造向核心产品、整机制造转型，推动制造业迈向中高端，把实体经济特别是制造业做实做强做优。围绕产业链部署创新链、围绕创新链布局产业链，推动经济高质量发展迈出更大步伐。

三、干实事：推动经济行稳致远

面对疫情防控和经济下行压力，稳增长显得尤为重要。"着力稳

---

① 习近平：《论坚持全面深化改革》，中央文献出版社2018年版，第305—306页。

② 习近平：《论坚持全面深化改革》，中央文献出版社2018年版，第358页。

定宏观经济大盘""保持社会大局稳定""各地区各部门要担负起稳定宏观经济的责任",强调要稳字当头,稳中求进,以优异的成绩迎接党的二十大召开。

（一）稳中求进,保持宏观经济政策稳健有效

"坚持稳中求进"是我们党治国理政的重要原则,也是做好经济工作的方法论。"稳中求进"就是要根据"稳"与"进"的内在逻辑,处理好短期经济增长和长期经济发展的关系,处理好宏观经济总量调控与经济结构升级的关系,处理好需求管理与供给侧结构性改革的关系。"稳"是"进"的前提,没有"稳"便不存在深入"进"的可能;"进"是"稳"的根本,没有"进"便没有长期"稳"的基础。

2021年世界人均GDP为1.21万美元左右,我国为1.25万美元,已经超过世界人均GDP水平,接近世界银行的高收入国家门槛。这一阶段经济发展的一个特征就是增速放缓,同时经济社会发展中也会面临不少风险挑战,从发展规律来看,稳定经济尤为关键,防止出现"大起大落",避免经济严重失衡,使主要宏观经济指标在合理区间运行。"进"主要是指科技创新和制度创新要不断深入。就技术创新而言,构建新发展格局必须以科技创新为战略支撑,新发展理念首要在于创新,构建现代化经济体系关键也在于创新,尤其是核心技术创新。经济进入新发展阶段,实现经济高质量发展,关键在于通过创新带来效率革命和动能转换,产业链的堵点、断点和受制于人的短板得以克服,关键在于依靠创新提升产业链水平。就制度创新而言,新发展格局的构建必须以深化改革为根本动力。一方面深化以社会主义市场经济为方向的改革,推动市场化的深入,完善市场经济秩序,提高市场竞争充分性、公平性,限制并反对垄断等不公平竞争行为,提高市场

配置资源的效率。

保持宏观经济政策稳健有效，一是要继续实施积极的财政政策和稳健的货币政策。积极的财政政策要提升效能，更加注重精准、可持续。要保证财政支出强度，加快支出进度。实施新的减税降费政策，强化对中小微企业、个体工商户、制造业、风险化解等的支持力度，适度超前开展基础设施投资。党政机关要坚持过紧日子。严肃财经纪律。坚决遏制新增地方政府隐性债务。二是稳健的货币政策要灵活适度，保持流动性合理充裕。引导金融机构加大对实体经济特别是小微企业、科技创新、绿色发展的支持。引导金融机构准确把握信贷政策，继续对受疫情影响严重的行业企业给予融资支持，避免出现行业性限贷、抽贷、断贷。发挥好政策性、开发性金融作用。三是财政政策和货币政策要协调联动，跨周期和逆周期宏观调控政策要有机结合。实施好扩大内需战略，增强发展内生动力。

（二）深化改革，激发活力，加快建设全国统一大市场

我国拥有超大规模和整体市场的明显优势，但超大市场规模潜力尚未被发挥出来，特别是在全球经济复苏乏力，新冠肺炎疫情不断肆虐，全球产业链、供应链断裂的背景下，地方保护主义、市场分割问题进一步突出，使得经济循环的堵点、难点增多，要素和资源没有在更大规模内畅通流动。也就是说，我国市场基础制度、市场设施联通水平、要素资源配置效率、监管现代化水平等与推动经济高质量发展的要求相比还有较大差距。因此，推动经济高质量发展，加快建设国内统一市场显得尤为紧迫。《中共中央　国务院关于加快建设全国统一大市场的意见》从全局和战略高度明确了加快推进全国统一大市场建设的总体要求、主要目标和重点任务，为今后一个时期建设全国统一

大市场提供了行动纲领。通过全国统一大市场的建设，建立全国统一的市场制度规则，打破地方保护和市场分割，打通制约经济循环的关键堵点，促进商品要素资源在更大范围内畅通流动，加快建设高效规范、公平竞争、充分开放的全国统一大市场。更好形成供需互促、产销并进的良性互动的局面，进一步扩大市场规模容量，发挥市场促进竞争、深化分工的优势，进而形成强大国内市场，全面推动我国市场由大到强转变，然后在这个基础上扩大对外开放，继而推进国际大循环。

（三）提高新型城镇化质量，促进居民消费，拉动有效投资

1. 着力提高农业转移人口市民化质量。这是城镇化的首要任务。要继续深化户籍制度改革，拓宽在城市稳定就业生活的农业转移人口举家落户渠道，不断提高落户便利度，切实维护好进城落户农民的农村权益。推动城镇基本公共服务加快覆盖常住人口，以新生代农民工为重点推动参保扩面，保障随迁子女在常住地接受义务教育，加强农民工就业服务和技能培训。

2. 着力提升城市宜居宜业水平。2022 年，我国生活在城镇的人口已达 9 亿多人，今后还将逐年增加。城市建设既要重视"面子"，更要注重"里子"，要努力为城市居民打造高品质生活空间。努力提供更多普惠便捷的公共服务，增加教育医疗、托育养老、家政服务、体育健身、公共文化等服务供给，加快打造一刻钟便民生活圈。有序推进城市更新，加快完善防洪排涝设施，启动实施燃气等管道老化更新改造，改善老旧小区居民的居住条件，提高城市安全韧性水平。更加重视城市生态环境建设，支持成都建设践行新发展理念的公园城市示范区。加强历史文化保护传承，延续城市文脉，坚决防止大拆大建、贪大求洋，严禁大规模迁移砍伐老树。

3. 着力促进城乡融合发展。我国即使基本实现城镇化，仍将有 4 亿左右人口生活在农村。要协同推进城市和乡村现代化，要以县域为基本单元，扎实推进城镇公共服务向乡村覆盖，因地制宜推进城镇基础设施向乡村延伸，促进农业农村现代化，改善农村人居环境，提升生活品质。

（四）巩固拓展脱贫攻坚成果，扎实推进乡村振兴

强化国家乡村振兴重点帮扶县帮扶措施，做好易地搬迁后续扶持，深化东西部协作、定点帮扶和社会力量帮扶，大力实施"万企兴万村"行动，增强脱贫地区自我发展能力。一是巩固拓展脱贫攻坚成果，提高脱贫农民的收入水平。要继续实施一些帮扶政策，对农村低收入人口进行常态化帮扶。一方面，进一步加大就业和产业扶持力度，包括进一步做好有组织劳务输出工作，统筹用好公益岗位，对就业困难人员实行就业援助，继续帮助脱贫地区发展特色产业，常态化开展农产品产销对接活动，深化拓展消费帮扶。另一方面，以现有社会保障体系为基础，将没有劳动能力且无法通过产业就业的人口纳入农村低保或特困人员救助供养范围，并按困难类型及时给予专项救助、临时救助。二是大力发展乡村产业，拓展就业渠道。就业是增加收入之前提，发展产业则是扩大就业之根本。要用战略眼光做好乡村产业布局，努力培育新产业、新业态，尤其要结合各地实际发展适合本土特点的优势特色产业，促进乡村产业全面振兴。

第二章

做好经济工作的规律性认识

认识经济工作的规律性，把握经济规律，是马克思主义执政党领导经济建设的要求，也是我国实现经济高质量发展的基本遵循。回顾中国共产党百年辉煌历程，我国经济建设取得举世瞩目的伟大成就，离不开实事求是、按规律办事。在新发展阶段历史方位下，无论国际风云如何变幻，我们都要坚定不移做好自己的事情，坚持"四个必须"，把握规律做好经济工作。

2021年中央经济工作会议指出，"在充分肯定成绩的同时，必须看到我国经济发展面临需求收缩、供给冲击、预期转弱三重压力。世纪疫情冲击下，百年变局加速演进，外部环境更趋复杂严峻和不确定"，"在应对风险挑战的实践中，我们进一步积累了对做好经济工作的规律性认识"，将其概括总结为"四个必须"。"四个必须"的规律性认识，进一步丰富和发展了习近平新时代中国特色社会主义经济思想，为在严峻挑战下做好经济工作提供了科学指引，对全党全国各族人民战胜前进道路上各种风险挑战，全面建设社会主义现代化国家，实现共同富裕，具有重要的指导意义。

一、做好经济工作必须把握经济规律

认识经济工作的规律性，是马克思主义政治经济学的重要组成部分。2021年中央经济工作会议在2020年中央经济工作会议所提出的关于做好经济工作的规律性认识，即"五个根本"的基础上，进一步总结为"四个必须"，展现了以习近平同志为核心的党中央引领中国经济巨轮破浪前行的高超智慧，是以习近平同志为核心的党中央在新发展阶段正确把握和运用经济发展规律，做好经济工作的根本遵循和行动指南。

（一）把握经济规律是马克思主义执政党领导经济建设的要求

马克思主义认为，认识社会发展和时代变迁"不能以它的意识为根据；相反，这个意识必须从物质生活的矛盾中，从社会生产力和生产关系之间的现存冲突中去解释。无论哪一个社会形态，在它所能容纳的全部生产力发挥出来以前，是决不会灭亡的；而新的更高的生产关系，在它的物质存在条件在旧社会的胎胞里成熟以前，是决不会出现的"[①]。在中国特色社会主义经济发展道路的探索过程中，立足现实国情不断拓展对客观经济规律的认识，具有重大意义且发挥了不可替代的作用。

承认人类社会历史发展的规律性，认识和把握经济发展中的客观规律，是马克思主义的重要出发点，也是中国发展道路取得成功的关键。习近平总书记强调指出，要立足我国国情和我国发展实践，"把握规律，坚持马克思主义立场、观点、方法，透过现象看本质，从短期波动中探究长期趋势，使理论和政策创新充分体现先进性和科学性"[②]。

经济发展是生产力和生产关系的规律性结果，而自觉从规律性观点出发去把握实物本质及其发展规律，运用规律、系统的观念洞察问题、分析问题、解决问题，是马克思主义理论的基本特征，也是重要的工作方法和思想方法。系统是表征实物联系和发展的特定形式的重要范畴与基本观点，对经济现象的分析，对经济工作的正确认识，都需要以全面系统的观念为指导，把握其内在的规律特征，对经济现象

---

① 《马克思恩格斯文集》第 2 卷，人民出版社 2009 年版，第 592 页。
② 习近平：《在经济社会领域专家座谈会上的讲话》，人民出版社 2020 年版，第 12 页。

之间的本质联系加以总结、概括，正确认识经济规律。人们一旦掌握规律，就能够更好地利用物质世界本身。

（二）把握经济规律是我国实现经济高质量发展的基本遵循

习近平总书记指出，推动高质量发展，是保持经济持续健康发展的必然要求，是适应我国社会主要矛盾变化和全面建成小康社会，全面建设社会主义现代化国家的必然要求，是遵循经济规律发展的必然要求。2021 年的中央经济工作会议指出，"我国经济韧性强，长期向好的基本面不会改变。无论国际风云如何变幻，我们都要坚定不移做好自己的事情，不断做强经济基础，增强科技创新能力，坚持多边主义，主动对标高标准国际经贸规则，以高水平开放促进深层次改革、推动高质量发展"。在新发展阶段下，我国供需条件、要素条件和潜在增长率发生重要变化，如果不顾客观实际追求高速增长，势必带来较大风险隐患。

为此，必须观大势谋全局，从新发展阶段的实际情况出发，充分认识经济发展和经济工作的基本规律，以新发展理念为指导，坚持以人民为中心的根本前提，以党中央集中统一领导为根本依靠，以稳中求进为根本宗旨，以统筹协调为根本方法，推动高质量发展，构建新发展格局，提高国际竞争力，增强国家综合实力和抵御风险能力，有效维护国家安全，实现经济行稳致远、社会和谐安定。

当今世界正经历百年未有之大变局，全球经济复苏乏力，各种不确定性和不稳定性因素持续发酵，各类矛盾相互交织，经济环境复杂多变，改革进入深水区。在此背景下，需要我们把握好对经济的规律性认识，牢牢把握住经济工作的基本盘，充分认识社会主义初级阶段这个最大国情，更准确地把握国内、国外经济运行的新变化。把握经济规律，从长远角度看待当前形势，从全局高度看待未来发展，坚持稳中求进的工作基调，把握好改革的节奏和力度，保持方法上的联系性、创新性，增强机遇意识和风险意识，聚精会神办好自己的事，推动中国经济高质量发展。

二、中国共产党领导经济建设把握经济规律的百年历史演进

实事求是、按规律办事是马克思主义观察和分析事物的基本态度和根本要求，是马克思主义政党在治国理政实践中必须牢牢坚持的理性自觉和始终秉持的基本遵循，是中国共产党百年辉煌历程中取得一个又一个胜利的方法论基础。中国共产党第十九届中央委员会第六次全体会议审议通过的《中共中央关于党的百年奋斗重大成就和历史经验的决议》汇聚了关于中国推进中国特色社会主义、布局经济建设的成功经验和智慧宝藏。自新民主主义革命时期到中国特色社会主义新时代时期，在中国共产党领导下，我国经济建设取得举世瞩目的伟大成就，从"一穷二白"跃升为世界第二大经济体，从落后的农业国发展成为世界第一制造大国，创造了举世瞩目的经济快速发展奇迹和社会长期稳定奇迹。在这一过程中，中国共产党认识工作规律、领导经济建设可以划分为以下四个阶段。

（一）新民主主义革命时期

"十月革命一声炮响，给中国送来了马克思列宁主义。五四运动促进了马克思主义在中国的传播。在中国人民和中华民族的伟大觉醒

中，在马克思列宁主义同中国工人运动的紧密结合中，一九二一年七月中国共产党应运而生。中国产生了共产党，这是开天辟地的大事变，中国革命的面貌从此焕然一新。党深刻认识到，近代中国社会主要矛盾是帝国主义和中华民族的矛盾、封建主义和人民大众的矛盾。实现中华民族伟大复兴，必须进行反帝反封建斗争。"① 这一时期中国共产党人把马克思列宁主义基本原理与中国的具体实际相结合，逐渐认识到探索社会主义经济建设遵循的理论要服从历史唯物论所形成的经济发展一般规律，即生产关系一定要适应生产力、上层建筑一定要适应经济基础。

新民主主义革命时期的经济"是一种特殊的、相对独立的经济形式，代表着近代中国社会经济的发展方向，是半殖民地半封建社会向社会主义社会转变过程中的过渡形式。它既不是纯粹的资本主义经济，也不是纯粹的社会主义经济，而是既有资本主义经济成分，又有社会主义经济成分，还有各种形式的个体经济和合作社经济的多种经济成分同时并存的社会经济形态。其整体特征是社会主义国营经济领导下的多种经济形式并存，建国后则表现为国营经济领导下的多种经济成分并存"②。这一时期的经济发展要求依靠军事和政治力量，摧毁封建土地私有制，没收官僚资本，消除帝国主义在华经济侵略势力，在反对私人资本对国民经济实行垄断的前提下，尽可能地发展国营经济，大力发展合作经济，并在法律范围内鼓励私人经济的发展。

在这期间，中国共产党人一是通过开展土地革命，解决人民的粮食需求。二是领导敌后抗日根据地实现"丰衣足食"。党领导开展大

---

① 《中共中央关于党的百年奋斗重大成就和历史经验的决议》，人民出版社 2021 年版，第 4 页。

② 陶大镛：《新民主主义经济论纲》，北京师范大学出版社 2002 年版，第 17 页。

生产运动后，人民负担大大减轻，军民生活明显改善，推进了党和人民的联系。据资料记载，从 1943 年起，敌后各根据地的机关一般能自给两三个月甚至半年的粮食和蔬菜。三是领导根据地军民打破经济封锁。1931 年中华苏维埃共和国临时中央政府成立，共产党人领导的苏维埃政府积极开展经济建设，打破敌人经济封锁，使农业、工业、商业等经济工作都有了一定的发展。四是毛泽东发表《中国革命和中国共产党》《新民主主义论》等重要理论著作，明确在经济上要没收操纵国计民生的大银行、大工业、大商业，建立国营经济；没收地主土地归农民所有，并引导农民发展合作经济；允许民族资本主义经济的发展和富农经济的存在。五是中国共产党第七次全国代表大会上制定了新民主主义国家在政治、经济等方面的纲领，提出实现中国工业化的宏伟任务，毛泽东在《论联合政府》中强调："中国一切政党的政策及其实践在中国人民中所表现的作用的好坏、大小，归根结底，看它对于中国人民的生产力的发展是否有帮助及其帮助之大小，看它是束缚生产力的，还是解放生产力的。"[1] 中国共产党在发展新民主主义经济过程中积累的经验教训对之后的经济建设有着重大的现实借鉴意义。

（二）社会主义革命和建设时期

新中国成立之后，国民经济形势极端严峻，可谓千疮百孔，我们党面临严峻复杂的国内外环境，发展经济、建设社会主义的经验严重不足，只能学习苏联和其他社会主义国家的经验进行经济建设。但是因为国情不同，在我国社会主义改造基本完成时，照搬"苏联模式"

---

[1] 《毛泽东选集》第三卷，人民出版社 1991 年版，第 1079 页。

的弊端已经开始凸显。在此情况下，探索一条适合我国国情的社会主义经济发展道路摆在了以毛泽东同志为代表的中国共产党人面前。毛泽东认为，"学习有两种态度。一种是教条主义的态度，不管我国情况，适用和不适用，一起搬来。这种态度不好。另一种态度，学习的时候用脑筋想一下，学那些和我国情况相适合的东西，即吸取对我们有益的经验，我们需要的是这样一种态度"①。毛泽东于 1956 年 4 月和 1957 年 2 月分别发表了《论十大关系》和《关于正确处理人民内部矛盾的问题》，这是毛泽东对新中国成立以来经济发展问题的一次全面、深刻的思考，他指出："社会主义社会经济发展的客观规律和我们主观认识之间的矛盾，这需要在实践中去解决。这个矛盾，也将表现为人同人之间的矛盾，即比较正确地反映客观规律的一些人同比较不正确地反映客观规律的一些人之间的矛盾，因此也是人民内部的矛盾。一切矛盾都是客观存在的，我们的任务在于尽可能正确地反映它和解决它。"② 这是中国共产党人对适合中国国情的社会主义建设道路的初步探索，是中国特色社会主义政治经济学的发端。对此，习近平总书记在十八届中央政治局第二十八次集体学习时指出，以毛泽东同志为代表的中国共产党人，"在探索社会主义建设道路过程中对发展我国经济提出了独创性的观点，如提出社会主义社会的基本矛盾理论，提出统筹兼顾、注意综合平衡，以农业为基础、工业为主导、农轻重协调发展等重要观点。这些都是我们党对马克思主义政治经济学的创造性发展"③。

---

① 《毛泽东文集》第七卷，人民出版社 1999 年版，第 242 页。

② 《毛泽东文集》第七卷，人民出版社 1999 年版，第 242 页。

③ 习近平：《论坚持全面深化改革》，中央文献出版社 2018 年版，第 186 页。

（三）改革开放和社会主义现代化建设新时期

党的十一届三中全会以来，我们党把马克思主义政治经济学同改革开放新的实践相结合，不断探索发现经济规律，提升做好经济工作的水平。以邓小平同志为核心的党的第二代中央领导集体提出了"以经济建设为中心，坚持四项基本原则，坚持改革开放"的基本路线，不断推进社会主义制度的自我完善和发展，解放和发展生产力，从根本上改变了长期以来束缚我国生产力发展的一些经济体制。党的十四大以后，全党进一步深化对社会主义初级阶段的认识，摆脱姓"公"姓"私"的困扰，加大了经济结构调整的力度，建立起以公有制为主体、多种所有制经济共同发展的所有制结构。

党的十四届三中全会规划出了社会主义市场经济体制体系的宏伟蓝图以及基本框架结构。党的十五大报告在紧密结合初心的基础上，提出"两个一百年"奋斗目标。党的十六大提出"提高驾驭社会主义市场经济的能力"这一重大命题。党的十七大要求深化对社会主义市场经济规律的认识，形成有利于科学发展的宏观调控体系。

（四）中国特色社会主义新时代时期

党的十八大以来，中国特色社会主义进入新时代。以习近平同志为核心的党中央，进一步从中国实际出发，不断深化对社会主义经济发展规律的认识，在实践中形成了习近平新时代中国特色社会主义经济思想。在习近平新时代中国特色社会主义经济思想指引下，积极推进经济建设、政治建设、文化建设、社会建设、生态文明建设"五位一体"的总体布局和全面建成小康社会、全面深化改革、全面依法治国、全面从严治党"四个全面"的战略布局，并在统筹中华民族伟大复兴战略全局和世界百年未有之大变局的基础上，深刻认识新发展阶段、贯彻新发展理念、构建新发展格局。

2020 年 8 月 24 日，习近平总书记在经济社会领域专家座谈会上提出："'十四五'时期是我国全面建成小康社会、实现第一个百年奋斗目标之后，乘势而上开启全面建设社会主义现代化国家新征程、向第二个百年奋斗目标进军的第一个五年，我国将进入新发展阶段。"①正确认识党和人民事业所处的历史方位和发展阶段，是我们党明确阶段性中心任务、制定路线方针政策的根本依据，也是我们党领导革命、建设、改革不断取得胜利的重要经验。

进入新发展阶段明确了我国发展的历史方位。在这个新发展阶段，我国国内外环境发生深刻变化，这既带来一系列新机遇，也带来一系列新挑战。从国际局势来看，"当今世界正经历百年未有之大变局。当前，新冠肺炎疫情全球大流行使这个大变局加速变化，保护主义、单边主义上升，世界经济低迷，全球产业链供应链因非经济因素而面临冲击，国际经济、科技、文化、安全、政治等格局都在发生深刻调整，世界进入动荡变革期。今后一个时期，我们将面对更多逆风逆水的外部环境，必须做好应对一系列新的风险挑战的准备"②。从国内局势来看，"中国特色社会主义进入新时代，我国社会主要矛盾已经转化为人民日益增长的美好生活需要和不平衡不充分的发展之间的矛盾"③。与此同时，"我国制度优势显著，治理效能提升，经济长期向好，物质基础雄厚，人力资源丰厚，市场空间广阔，发展韧性强

---

① 习近平：《在经济社会领域专家座谈会上的讲话》，人民出版社 2020 年版，第 2 页。

② 习近平：《在经济社会领域专家座谈会上的讲话》，人民出版社 2020 年版，第 2—3 页。

③ 习近平：《决胜全面建成小康社会　夺取新时代中国特色社会主义伟大胜利——在中国共产党第十九次全国代表大会上的报告》，人民出版社 2017 年版，第 11 页。

大，社会大局稳定，继续发展具有多方面优势和条件"①。

面对新发展阶段下国内外形势的复杂多变，习近平总书记在经济社会领域专家座谈会上明确要求："要辩证认识和把握国内外大势，统筹中华民族伟大复兴战略全局和世界百年未有之大变局，深刻认识我国社会主要矛盾发展变化带来的新特征新要求，深刻认识错综复杂的国际环境带来的新矛盾新挑战，增强机遇意识和风险意识，准确识变、科学应变、主动求变，勇于开顶风船，善于转危为机，努力实现更高质量、更有效率、更加公平、更可持续、更为安全的发展。"②

随着新发展阶段的历史方位和国内外形势不断明晰，在统筹国内国际两个大局、统筹疫情防控和经济社会发展的实践中，我们党深化了对在严峻挑战下做好经济工作的规律性认识。2020年中央经济工作会议将新发展阶段经济工作的规律认识进行了凝练表达，即"五个根本"：党中央权威是危难时刻全党全国各族人民迎难而上的根本依靠，人民至上是作出正确抉择的根本前提，制度优势是形成共克时艰磅礴力量的根本保障，科学决策和创造性应对是化危为机的根本方法，科技自立自强是促进发展大局的根本支撑。在应对风险挑战的实践中，我们党进一步积累了对做好经济工作的规律性认识，2021年中央经济工作会议提出了做好经济工作规律性认识的"四个必须"，这是在2020年中央经济工作会议总结的"五个根本"基础上对做好经济工作的重要规律性认识的深化。"四个必须"为：必须坚持党中央集中统一领导，沉着应对重大挑战，步调一致向前进；必须坚持高质量发展，坚持以经济建设为中心是党的基本路线的要求，全党都要

① 习近平：《在经济社会领域专家座谈会上的讲话》，人民出版社2020年版，第3页。
② 习近平：《在经济社会领域专家座谈会上的讲话》，人民出版社2020年版，第4页。

聚精会神贯彻执行，推动经济实现质的稳步提升和量的合理增长；必须坚持稳中求进，调整政策和推动改革要把握好时度效，坚持先立后破、稳扎稳打；必须加强统筹协调，坚持系统观念。

三、"四个必须"是新发展阶段做好经济工作的规律性认识

展望 2022 年的经济工作，我们要深入贯彻落实中央经济工作会议精神，把"四个必须"体现到经济社会发展的各项工作中去，体现到推动高质量发展的各项任务中去，在实践中不断深化规律性认识，坚定必胜信心，增强忧患意识，保持战略定力，注重稳扎稳打。

（一）必须坚持党中央集中统一领导

中国特色社会主义制度的最大优势在于党的领导，这也是我国经济发展的独特优势。习近平总书记指出："能不能驾驭好世界第二大经济体，能不能保持经济社会持续健康发展，从根本上讲取决于党在经济社会发展中的领导核心作用发挥得好不好。"[①] 这一重大论断，明确了"中国号"巨轮的舵手和航向，体现了高度的政治自觉和制度自信。

经济工作是中心工作，坚持党对经济工作的集中统一领导，是一个重大的政治原则，也是做好经济工作的根本保证。新时代风云激荡，中国经济行进在具有许多新的历史特点的伟大征程中，机遇

---

① 习近平：《论坚持党对一切工作的领导》，中央文献出版社 2019 年版，第 102 页。

和风险同在，发展与挑战并存。推动改革发展、建设现代化经济体系、振兴实体经济、防范化解风险的任务重、难度大，正处于攻坚克难的重要时刻。越是在这个时候，越是要强化政治意识、增强政治定力、坚定政治立场，越是要加强党中央对经济工作的集中统一领导。

中国特色社会主义最本质的特征是中国共产党的领导，中国特色社会主义制度的最大优势是中国共产党的领导。历史和现实都告诉我们，在重大历史关头、在重大风险和考验面前，中国共产党的判断力、决策力、行动力具有决定性作用，是风雨来袭时中国人民最可靠的主心骨。新中国成立以来，在建设社会主义伟大事业的征程上，我们经历过诸多艰难挑战，但是在中国共产党的领导下，我们攻坚克难，不断促进中国的经济发展，实现了全面建设小康社会的宏伟目标。例如，在新中国成立之初，居民收入和消费水平很低。1956 年，全国居民人均可支配收入仅为 98 元，人均消费支出仅为 88 元，但是我们党从实际出发确立了过渡时期总路线，团结一切可以团结的力量，稳定物价、组织生产，用最快的速度恢复了国民经济秩序，为社会主义建设奠定了良好的基础。改革开放以后，我国进入了 40 多年的高速发展之路，创造了举世瞩目的中国经济快速发展奇迹和社会长期稳定奇迹。2020 年以来，面对新冠肺炎疫情、河南郑州"7·20"特大暴雨等突发性公共卫生事件，以习近平同志为核心的党中央统揽全局、果断决策，以非常之举应对非常之事，带领我们交出了一份人民满意、世界瞩目、可以载入史册的答卷。面对当前仍旧肆虐全球的疫情形势，面对当今世界正经历的百年未有之大变局，越是风急浪高，就越要坚持和加强党的全面领导，越要更加紧密地团结在以习近平同志为核心的党中央周围，不断增强"四个意识"、坚定"四个自信"、做到"两个维护",牢牢把握发展航船破浪前行的正确方向,提高维护党中央权威的思想自觉、行动自觉,朝着建成社会主义现代化强国的目标奋进。

坚持加强党对经济工作的集中统一领导,是保证社会主义市场经济沿正确方向发展的内在要求。新发展阶段下,面对错综复杂的国内外形势,各级领导干部要最大程度发挥好独特的政治优势,通过切实加强党对经济工作的领导,为经济建设、为改革开放、为人民福祉提供最坚强的保证,为中华民族赢得实现梦想的光明未来。

(二)必须坚持高质量发展

马克思主义的认识论强调,新理论产生于新实践,新实践需要新理论指导。高质量发展是我们党把握发展规律从实践认识到再实践再认识的重大理论创新。经济发展理论必须与时俱进。"高质量发展,就是能够很好满足人民日益增长的美好生活需要的发展,是体现新发展理念的发展,是创新成为第一动力、协调成为内生特点、绿色成为普遍形态、开放成为必由之路、共享成为根本目的的发展。从供给看,高质量发展应该实现产业体系比较完整,生产组织方式网络化智能化,创新力、需求捕捉力、品牌影响力、核心竞争力强,产品和服务质量高。从需求看,高质量发展应该不断满足人民群众个性化、多样化、不断升级的需求,这种需求又引领供给体系和结构的变化,供给变革又不断催生新的需求。从投入产出看,高质量发展应该不断提高劳动效率、资本效率、土地效率、资源效率、环境效率,不断提升科技进步贡献率,不断提高全要素生产率。从分配看,高质量发展应该实现投资有回报、企业有利润、员工有收入、政府有税收,并且充分反映各自按市场评价的贡献。从宏观经济循环看,高质量发展应该实现生产、流通、分配、消费循环通畅，国民经济重大比例关系和空间布局比较合理，经济发展比较平稳，不出现大的起落。更明确地说，高质量发展，就是从'有没有'转向'好不好'。"①

习近平总书记在 2017 年中央经济工作会议上就强调："推动高质量发展，就要建设现代化经济体系，这是我国发展的战略目标。实现这一战略目标，必须牢牢把握高质量发展的要求，坚持质量第一、效益优先；牢牢把握工作主线，坚定推进供给侧结构性改革；牢牢把握基本路径，推动质量变革、效率变革、动力变革；牢牢把握着力点，加快建设实体经济、科技创新、现代金融、人力资源协同发展的产业体系；牢牢把握制度保障，构建市场机制有效、微观主体有活力、宏观调控有度的经济体制。推动高质量发展是我们当前和今后一个时期确定发展思路、制定经济政策、实施宏观调控的根本要求，必须加快形成推动高质量发展的指标体系、政策体系、标准体系、统计体系、绩效评价、政绩考核，创建和完善制度环境，推动我国经济在实现高质量发展上不断取得新进展。"②

以习近平同志为核心的党中央领导全党全军全国各族人民砥砺前行，全面建成小康社会目标如期实现；历史性地解决了绝对贫困问题，创造了人类减贫史上的奇迹；在全球率先控制住疫情、率先复工复产、率先恢复经济社会发展，抗疫斗争取得重大战略成果。我们的底气之一就是经济发展取得的举世瞩目成就，积累起来的巨大物质财富。在新发展阶段，继续推动经济实现高质量发展，才能筑牢国家繁荣富强、人民幸福安康、社会和谐稳定的物质基础。

① 《习近平谈治国理政》第三卷，外文出版社 2020 年版，第 238—239 页。
② 《习近平谈治国理政》第三卷，外文出版社 2020 年版，第 239 页。

（三）必须坚持稳中求进

习近平新时代中国特色社会主义经济思想内容极为丰富，稳中求进是其中一个重要内容。稳中求进工作总基调是治国理政的重要原则，也是做好经济工作的方法论。习近平总书记在 2014 年中央经济工作会议上强调："坚持稳中求进工作总基调，'稳'的重点要放在稳住经济运行上，确保增长、就业、物价不出现大的波动，确保金融不出现区域性系统性风险。'进'的重点要放在调整经济结构和深化改革开放上，确保转变经济发展方式和创新驱动发展取得新成效。'稳'和'进'要相互促进，经济社会平稳，才能为调整经济结构和深化改革开放创造稳定宏观环境；调整经济结构和深化改革开放取得实质性进展，才能为经济社会平稳运行创造良好预期。"① 稳中求进是习近平总书记在准确把握国内外经济发展大势、总结国内外发展经验的基础上对经济发展规律新的深刻阐释，是对我们党领导经济工作智慧的新总结，也是对我们党领导经济工作的思想方法和工作方法新的完善和发展。

2021 年中央经济工作会议进一步丰富了对坚持稳中求进工作总基调的阐释，强调必须坚持稳中求进，调整政策和推动改革要把握好时度效，坚持先立后破、稳扎稳打，并部署 2022 年经济工作，包括统筹疫情防控和经济社会发展，统筹发展和安全，继续做好"六稳""六保"工作，持续改善民生，着力稳定宏观经济大盘，保持经济运行在合理区间，保持社会大局稳定，等等。2021 年中央经济工作会议旗帜鲜明地提出"先立后破"，把"立"放在了"破"之前，

---

① 习近平：《论坚持党对一切工作的领导》，中央文献出版社 2019 年版，第 38—39 页。

表述的细微变化，折射出的是政策指向的改变。在改革开放初期，我们经常提及的是"打破条条框框的束缚""杀出一条血路"等等，因为彼时僵化的体制机制必须改革，需要有"破"的勇气和魄力，在当时的历史情境下，"破"显得尤为关键。但进入新发展阶段，我国的基本国情、综合国力以及国内外环境已迥异于往日，构建新发展格局、推动高质量发展是我们当前的重要使命，在这个过程中，更需要的是科学化、精细化，考验的是治理体系和治理能力现代化水平。在此时代背景下，很多问题需要先想好怎么"立"，然后再去想怎么"破"，将各种负面影响降至最低，力争实现"帕累托最优"。

（四）必须加强统筹协调

2021年中央经济工作会议提出，"必须加强统筹协调，坚持系统观念"，这一科学思想和工作方法对于巩固宏观经济运行、推进新发展格局构建、更好应对和化解各种风险挑战，确保中国经济行稳致远具有重要意义。党的十八大以来，党中央团结带领全国人民持续奋斗，实现了第一个百年奋斗目标，正向着全面建成社会主义现代化强国的第二个百年奋斗目标迈进。伟大实践证明，党中央坚持系统谋划、统筹推进党和国家各项事业，根据新的实践需要，形成一系列新布局和新方略，带领全党全国各族人民取得了历史性成就。习近平总书记强调，"在这个过程中，系统观念是具有基础性的思想和工作方法"①。

统筹协调是中国共产党人一脉相承的发展方法论，是在长期革命、建设、改革中形成的重要经验。历史和现实告诉我们，党和人民

---

① 习近平：《关于〈中共中央关于制定国民经济和社会发展第十四个五年规划和二〇三五年远景目标的建议〉的说明》，人民出版社2020年版，第13页。

事业能不能沿着正确方向前进，取决于我们能否准确认识和把握社会主要矛盾、确定中心任务。只有对各种矛盾做到了然于胸，统筹好主要矛盾和次要矛盾，紧紧围绕主要矛盾和中心任务，以此带动其他矛盾的解决，在整体推进中实现重点突破，才能以重点突破带动经济社会发展水平整体跃升，朝着全面建成社会主义现代化强国的奋斗目标不断前进。

系统观念是唯物辩证法联系和发展观点的内在要求，是考察系统和要素、要素和要素、系统和环境相互联系、相互作用的认识论方法论。唯物辩证法认为，事物是普遍联系的，事物及事物各要素相互影响、相互制约，整个世界是相互联系的整体，也是相互作用的系统。坚持唯物辩证法，就要从客观事物的内在联系去把握事物，去认识问题、处理问题。这启示我们做好经济工作必须坚持系统观念，关键在于知行合一，在实践中加强前瞻性思考、全局性谋划、战略性布局、整体性推进。当今世界正经历百年未有之大变局，经济环境复杂多变，前进道路上还会面临各种可以预料和难以预料的风险挑战。我们从统筹两个大局的战略高度认识坚持系统观念的重要性，坚持用全面、长远、辩证的眼光看问题，把历史、现实、未来贯通起来，把近期、现在、远期的目标统筹起来谋划，做到全局性谋划，更好推动经济高质量发展。

第三章

加强党对经济工作战略谋划和统一领导

中国共产党的领导是中国特色社会主义的最本质特征，也是社会主义市场经济的本质特征。加强党对经济工作战略谋划和统一领导是党奋斗百年的历史经验凝结，是坚持马克思主义指导、传承中华优秀历史文化的必然结果，也是新时代经济高质量发展的根本保证。要把党对经济工作的战略谋划和统一领导贯穿于经济工作的全过程，通过各方协同发力，形成整体效应。必须全面提高党领导经济工作的科学化水平，有效总揽全局、协调各方，引领中国经济发展行稳致远。

当前，世纪疫情冲击下，百年变局加速演进，我国外部环境更趋复杂严峻和不确定，经济发展面临需求收缩、供给冲击、预期转弱三重压力。为此，必须进一步深化对做好经济工作的规律性认识，充分发挥我国国家制度和国家治理体系显著优势，尤其是要坚持党的集中统一领导，加强对经济工作的战略谋划，坚持公有制为主体、多种所有制经济共同发展和按劳分配为主体、多种分配方式并存，把社会主义制度和市场经济有机结合起来，不断解放和发展社会生产力。

一、加强党对经济工作的战略谋划和统一领导是对做好经济工作规律性认识的重大成果

党的十九届六中全会总结党的百年历史经验，在《中共中央关于党的百年奋斗重大成就和历史经验的决议》中明确指出，一百年来，中国人民和中华民族之所以能够扭转近代以后的历史命运、取得今天的伟大成就，最根本的是有中国共产党的坚强领导。治理好我们这个世界上最大的政党和人口最多的国家，必须坚持党的全面领导。因此，坚持党对经济工作的统一领导，加强战略谋划，是中国式现代化建设进程中经济和社会发展的必然要求，是我们党抓好经济工作的关键一招。

（一）加强党对经济工作的战略谋划和统一领导是党奋斗百年的历史经验凝结

百年党史是中国共产党人带领团结中华民族进行具有许多时代特点伟大斗争的社会发展史，是以政治革命为直接表达的社会革命，也是推动中国人民生活水平不断提高的经济革命，是中国现代化进程的历史建构，也是党对经济工作战略谋划和统一领导的伟大实践。坚持党对经济工作的战略谋划和统一领导，可以更好地驾驭经济发展大局，有效总揽全局、协调各方，确保经济发展正确方向，是引领中国经济发展行稳致远的关键和核心所在。这是为中国经济发展奇迹所证明了的宝贵经验和科学认识。

从 1921 年成立到夺取全国政权之前，中国共产党虽然以革命斗争为主要任务，但是对于经济工作也非常重视。通过对中国社会经济社会情况的及时分析，中国共产党充分认识把握革命的主要矛盾，分析革命的核心问题，在不同阶段制定不同的经济政策，建立和推进新的先进生产关系和生产力，以最大限度团结人民，动员和组织社会力量参与到反帝反封建革命事业中。党通过调查研究、总结革命实践，逐步认识到土地政策是最关键最核心的经济政策，是新民主主义革命时期党的经济政策的基础。1921 年成立时，中国共产党就提出解决土地问题的主张。大革命时期，推动实行减租减息，为彻底的土地革命做准备。土地革命时期，喊出了"耕者有其田"等土地革命口号，并以土地政策为基，提出并逐步完善了工农武装割据革命道路的理论和实践体系，推动了根据地的建设和发展。抗日战争时期，中国共产党适时地调整、制定了顺应历史现实的经济政策，领导实施了减租减息、生产自给等政策，不断扩大抗日民族统一战线，积极推进建立国际反日统一战线，为抗战胜利做出了巨大贡献。解放战争时期，为保证大规模战争和后方战争的需要，遵循理论与实践相结合的原则，中国共产党以毛泽东的《新民主主义论》为指导，坚持实事求是的科学方法，坚持立足中国实际和共产党人的革命实践，采取取缔官僚资本、发展民族工商业、农村土地改革、排蒋币固本币等经济政策，有力稳定了解放区的秩序、稳固了统一战线、保证了前线的人员与物资供应，是解放战争取得胜利的重要保障。1949 年 3 月，党的七届二中全会会议明确指出党的工作重心必须实行由乡村到城市的转移，并提出了党由乡村向城市转移的经济政策。新中国成立之后，在国民经济恢复性发展完成后，从 1953 年开始，我国已经编制并完整实施了 13 个五年规划（计划），其中改革开放以来编制实施 8 个，有力推动了经济社会发展、综合国力提升、人民生活改善，创造了世所罕见的经济快速发展奇迹和社会长期稳定奇迹。

历史证明，坚持和加强党对经济工作的全面领导，注重中长期发展规划，既能充分发挥市场在资源配置中的决定性作用，又能更好发挥政府作用。中国共产党的领导是中国特色社会主义的最本质特征，也是社会主义市场经济的本质特征。加强党对经济工作的领导，全面提高党领导经济工作水平，是坚持民主集中制的必然要求，也是我们政治制度的优势。党是总揽全局、协调各方的，经济工作是中心工作，党的领导当然要在中心工作中得到充分体现，抓住了中心工作这个"牛鼻子"，其他工作就可以更好展开。① 这是中国特色社会主义的优势，也是中国发展奇迹的奥秘所在。正如习近平总书记在党的十八届五中全会第二次全体会议上的讲话中指出："能不能驾驭好世

---

① 中共中央文献研究室编：《习近平关于社会主义经济建设论述摘编》，中央文献出版社 2017 年版，第 318 页。

界第二大经济体，能不能保持经济社会持续健康发展，从根本上讲取决于党在经济社会发展中的领导核心作用发挥得好不好。"①

（二）加强党对经济工作的战略谋划和统一领导是坚持马克思主义指导、传承中华优秀历史文化的必然结果

加强党对经济工作的战略谋划和统一领导是马克思主义理论的内在逻辑要求。马克思主义认为，共产党并没有任何同整个无产阶级的利益不同的利益，是整个无产阶级中的"先进分子"。因此，无产阶级政党的性质和宗旨决定了共产党作为广大无产阶级群众的代表，能够充当整个无产阶级的领导者。在夺取资本主义私有制政权后，要利用政权发展生产力，增加共产主义社会中"生产力的总量"，并将其作为扩大、丰富和提高工人生活的重要手段。因此，领导经济工作推动经济建设，是共产党进行社会建设的现实需要。同时，马克思主义认为，经济基础对上层建筑具有决定作用，上层建筑对经济基础具有反作用。共产党是先进生产力的代表，掌握着先进的生产工具，无产阶级专政的政治体制是人类历史上最先进的政治上层建筑，能够有效克服资本主义政治体制的弊端，推动社会化大生产协调运转。因此，无产阶级政党对经济工作的领导是实现人"自由而全面发展"的必要途径。

加强党对经济工作的战略谋划和统一领导是具有中华优秀历史文化传统的创新之举。中国作为世界唯一未曾中断的绵延五千多年的古老文明，在漫长的历史中形成了对于大统一和中央集权的深刻记忆。为了维护长期和谐稳定的统一局面，中华文明在不断尝试中产生

① 习近平：《论坚持党对一切工作的领导》，中央文献出版社 2019 年版，第 102 页。

了一套独特的国家建构，其中就包括围绕某一政治核心进行运作的政治伦理和体制习惯。这一点正是中西方文明的差异所在，正如费正清所认为的，欧洲和中国的区别在于人民的愿望，中国历史中表面上的统一，实际只占全部历史的三分之二，而统一的理想则相沿无改。中国人民的意愿和国家建构中的这种历史传统，使得中国共产党在中国政治制度以及经济制度中的地位和作用与西方政治经济理论中传统意义上的政党完全不同，形成富有鲜明特点的中华文明，具有历史客观性。

（三）加强党对经济工作的战略谋划和统一领导是新时代经济高质量发展的根本保证

随着中国特色社会主义进入新时代，我国社会主要矛盾转化为人民日益增长的美好生活需要和不平衡不充分的发展之间的矛盾。在新时代，中国的经济发展从高增长阶段进入高质量发展阶段，需要全面深化改革和系统性重构，进一步理顺市场和政府的关系，贯彻新发展理念构建新发展格局，防范化解重大风险，坚持稳中求进的现实要求。

首先，加强党对经济工作的战略谋划和统一领导是处理好政府与市场关系的关键途径。如何处理好政府与市场关系，一直是经济学理论研究中一个必须要回答的重要问题。长期以来，西方经济学在自由放任的思想指导下，对政府的作用停留于"守夜人"的角色，反对政府以任何形式干预市场。就算在经历了"大萧条"的洗礼之后，经济学家们将政府的职能重新界定为"弥补市场失灵"，但也依旧对政府可能的过度干预严防死守。总体而言，在西方主流经济学理论中，政府的作用范围是有限的、被动的，同时政府与市场的关系是相互替代的。然而相比于西方经济学中"政府与市场"二元对立的分析范式，中国在经济发展实践过程中，充分发挥社会主义市场经济制度的优越性，探索出了一条以中国共产党总揽全局、协调各方，让市场在资源配置中起决定性作用，同时更好发挥政府作用的路径，形成当代中国马克思主义政治经济学的"党、政府、市场"的"三维构架"。由此，坚持党对经济工作的集中统一领导，形成了当代中国马克思主义政治经济学的"三维谱系"。这种"三维谱系"，既可以有效发挥市场在微观领域资源配置的高效率，又可以在市场失灵时，更好发挥政府作用，使政府可以主动维护市场的有效性、完善市场监管、开展有效市场建设，进而克服由于市场运行的自发性与盲目性所导致的宏观经济结构失衡，以及产业发展规划缺少长期性等问题。

因此，坚持党对经济工作的战略谋划和统一领导，可以更好实现有效市场与有为政府有机结合，有效避免市场失灵，加快市场建设的速度，促使市场机制更快发育成熟。坚持党对经济工作的战略谋划和统一领导，可以更好地驾驭经济发展正确方向，确保经济发展大局。目前，党领导经济工作制度化建设已经取得了一些成果，形成了党代会、中央全会、中央政治局会议（经济形势研究分析）、中央全面深化改革委员会会议、中央经济工作会议、中央财经委员会会议等经济形势分析研究和制度创新的工作制度，定期研究部署重大战略问题，对推动经济发展起到重要指导作用。

其次，加强党对经济工作的战略谋划和统一领导是构建新发展格局的重要保障。新发展阶段构建新发展格局，是新时代我国经济社会不平衡不充分发展的系统性重构。坚持党对经济工作的集中统一领导能够在推动更好认识经济发展形势形成科学判断的基础上，坚持和完善社会主义基本经济制度，稳中求进精准施策，加快实现我国经济从高速增长向高质量发展的阶段转换，建设与高质量发展阶段相适应的现代化经济体系，推动全面建设社会主义现代化国家。这是因为没有党对经济工作的战略谋划和统一领导，以跨周期结构性为基本特征的全面深化改革将面临两个问题：一是很难集中力量办大事，无法应对大国发展的需要，导致发展持续时间长、见效慢。我国经济已由高速增长阶段转向高质量发展阶段，经济发展的各个领域存在大量在过去粗放发展中形成的要爬坡过坎的系统性问题，改革任务艰巨且形势复杂。二是发展主体适应于原有发展模式形成了惯性思维与行为模式，利益结构固化了。因此，习近平总书记指出，冲破思想观念的障碍、突破利益固化的藩篱，解放思想是首要的。加强党对经济工作的战略谋划和统一领导是解决这些问题的最好方式。

最后，加强党对经济工作的战略谋划和统一领导是经济发展稳中求进的有力保障。在实现第一个百年奋斗目标，开启向第二个百年奋斗目标进军新征程的历史转换节点，我国沉着应对百年变局和世纪疫情，统筹经济发展和疫情防控，国家战略科技力量加快壮大，产业链韧性得到提升，改革开放向纵深推进，民生保障有力有效，生态文明建设持续推进。但新冠肺炎疫情反复、俄乌冲突持续等不利因素叠加经济结构升级、世界经济长期向下等周期性结构性因素，我国经济发展面临需求收缩、供给冲击、预期转弱三重压力。因此，尽管我国经济韧性强，长期向好的基本面不会改变，但经济发展面临的短期风险高度上升。为此，必须加强党对经济工作的战略谋划和统一领导，确保以经济建设为中心的基本路线不动摇，提升经济发展的长期性战略性安排，在防范与化解重大风险中，统筹疫情防控和经济社会发展，统筹发展和安全，消除资本的盲目性和冲动性，提升初级产品供应保障能力，推动碳达峰碳中和战略顺利实施，继续做好"六稳"、"六保"

工作，扎实推动共同富裕，保持平稳健康的经济环境、国泰民安的社会环境、风清气正的政治环境。

二、加强党对经济工作的战略谋划和统一领导是系统工程

加强党对经济工作的战略谋划和统一领导是全面的系统工程，是政治领导、思想领导、组织领导的有机统一、协调推进，并贯穿于经济工作的全过程，通过各方协同发力，形成整体效应。加强党对经济工作的全面领导又是具体的、鲜活的，是基于不同时空条件从实际出发，抓主要矛盾，精准解决发展不平衡不充分问题。

（一）发挥政治优势，完善经济社会发展战略规划体系

党的全面领导是中国共产党百年来成功领导中国革命、建设和改革的经验总结和规律概括，是一个成熟的马克思主义政党的根本建党原则。在新发展阶段，贯彻新发展理念、推动高质量发展、构建新发展格局，必须坚持和加强党的全面领导，充分发挥党的全面领导的政治优势，既总揽全局保证党的领导的方向性和原则性，又协调各方充分调动各方面的积极性、主动性和创造性，坚持全国一盘棋的思想和部署，在推动经济社会发展过程中进行前瞻性、全局性的战略整体规划。

1.要从经济社会发展实际出发，在深入研究经济社会发展趋势的基础上，强化前瞻性规划，进行科学精准的目标设定，统筹推进远期、中期和近期目标。党的十九大明确提出，到21世纪中叶把我国建成富强民主文明和谐美丽的社会主义现代化强国，这是新发展阶段

我国经济社会发展的长期目标。到 2035 年基本实现社会主义现代化，这是我国经济社会发展的中期目标。党的十九届五中全会进一步明晰中期目标，并对"十四五"期间的具体发展目标进行规划，明确提出了"经济发展取得新成效、改革开放迈出新步伐、社会文明程度得到新提高、生态文明建设实现新进步、民生福祉达到新水平、国家治理效能得到新提升"的近期具体目标。将长、中、近期目标前瞻性统筹考量，使得经济社会发展在发展方向上具有同向性，在政策取向上具有耦合性，在实现过程中具有接续性，在目标成效上具有互益性，全面反映经济社会发展的多元多维的具体需求，实现高质量发展的动态平衡。

2. 要坚持全国一盘棋的整体性原则，对经济社会发展全局谋划。随着我国经济社会发展水平的不断提升，基于国家战略视域下的平衡和充分发展，成为转变发展方式，实现高质量发展的必由之路，这就需要在战略性规划中，确保能够实现全主体、全地域、全领域的整体性效应，推动全国统一大市场建设和国内大循环的畅通。在坚持稳中求进发展总基调前提下，深化供给侧结构性改革，建设现代化经济体系，构建新发展格局，促进发展质量与效益、结构与规模、速度与安全的协同提升。

3. 要集思广益，提升规划体系的针对性和精准性。近年来，建言献策已经成为规划编制必经的程序。习近平总书记在"十四五"规划建议的说明中指出，建议稿起草的一个重要特点是坚持发扬民主、开门问策、集思广益，征求和吸收了各领域专家、企业家、基层代表、民主党派和广大人民群众的建议。党领导经济社会发展的过程中，必然会遇到新情况、新问题，这需要党委（党组）及时与上级党组织直至党中央沟通重大问题，既要发挥基层的改革创新精神又要保证正确理解落实上级党组织的决策部署。

（二）完善宏观经济治理体系，建设有为政府

改革开放以来，中国共产党不断深化改革，推动政府和市场关系的深刻变革，坚持和完善社会主义基本经济制度，构建高水平社会主义市场经济体制。党的十九届五中全会明确提出，要充分发挥市场在资源配置中的决定性作用，更好发挥政府作用，推动有效市场和有为政府更好结合，激发各类市场主体活力，完善宏观经济治理，建立现代财税金融体制，建设高标准市场体系，加快转变政府职能。

完善宏观经济治理体系是国家治理体系和治理能力现代化的应有之义，是加强党对经济工作战略谋划和统一领导的重要路径。党的十八大以来，我国逐步构建起一套三层架构组成的宏观经济治理体系，即作为战略导向的国家发展规划，作为主要手段的财政政策和货币政策，作为必要政策工具的就业、产业、投资、消费、环保、区域等政策。随着宏观治理体系的完善，宏观政策工具不断丰富，亟须加强多种政策工具与措施的系统性协调。这需要充分发挥党中央在宏观调控决策中的领导核心作用，加强制度化建设，提高决策科学化水平，健全决策咨询机制，完善信息发布制度，不断提高党在宏观经济治理工作中把方向、谋大局、定政策、促改革的能力，从而使宏观调控的决策、施策与评估过程能够超越部门、层级和地域局限，有效协调多元利益，形成发展合力。

（三）抓住主要矛盾，胸怀天下统筹安全与发展

我国社会主要矛盾的变化是关系全局的历史性变化，也是新时代

中国特色社会主义的理论和实践基础。主要矛盾的变化对党和国家工作提出了许多新要求，对未来我们的战略方向、战略举措起着重要的指导作用。因此，加强党对经济工作的战略谋划和统一领导必须以此为前提，用好辩证法，一方面坚持系统的观点，按照整体性和关联性进行系统设计，做到相互促进、齐头并进，不能单打独斗、顾此失彼，不能偏执一方、畸轻畸重。另一方面坚持"两点论"和"重点论"的统一，善于厘清主要矛盾和次要矛盾、矛盾的主要方面和次要方面，区分轻重缓急，在兼顾一般的同时紧紧抓住主要矛盾和矛盾的主要方面，以重点突破带动整体推进，在整体推进中实现重点突破。

当前，我国正处于跨越"中等收入陷阱"并向高收入国家迈进的历史阶段，矛盾和风险比从低收入国家迈向中等收入国家时更多更复杂。因此，要充分发挥党的统筹谋划和统一领导能力，精准判断我国经济社会发展所处的阶段特征，研究把握我国经济发展的结构性特征，强化科技创新自立自强，坚持供给侧结构性改革这一主线，兼顾需求侧的新变化，提高供给体系质量和水平，以新供给创造新需求，畅通国内国际双循环，保障产业链供应链安全稳定。

尤其当前在逆全球化叠加俄乌冲突等不利因素下，更要胸怀天下，充分考量可能性风险，团结一切可以团结的力量，扩大经济发展的国际统一战线，努力争取最好结果。要从世界经济周期衰退的大趋势出发，充分认识我国经济在世界发展中的位置，高度关注产能结构与需求结构不对称问题，既要防范霸权主义等逆全球化的非正义打压，又要以人类命运共同体为价值引领，推动国际政治经济新秩序的建立；既防范增长速度滑出底线，又理性对待发展速度换挡的阵痛状态。注意防范化解地方债务、房地产市场、群体性事件等风险点，防范局部性问题演变为全局性风险，从而实现世界大局中的高质量发展。

（四）坚持人民中心，尊重基层首创精神

人民是历史的创造者，群众是真正的英雄。习近平总书记明确指出："在谋划改革发展思路、解决突出矛盾问题、防范风险挑战、激发创新活力上下功夫，正确处理改革发展稳定关系，坚持党的领导和尊重人民首创精神相结合，注重改革的系统性、整体性、协同性，统筹各领域改革进展，形成整体效应。"[①] 加强党对经济工作的战略谋划和统一领导，必须紧紧依靠人民，从人民的首创之举之中认识新思路新举措，为科学谋划提供充分滋养，为统一领导奠定微观基础和主体力量。

尊重群众的首创精神，是我国全面建成小康社会、经济建设取得巨大成就的重要经验，也是推进改革与发展的重要方法。[②] 所有发展都是为了人民，发展成果要惠及人民，必须明晰人民群众在经济发展中的主人翁地位，最大限度地发挥人民群众的积极性主动性创造性。因此，从中央到地方，要将尊重群众首创精神和坚持党的统一领导结合起来，从生动鲜活的基层实践中汲取智慧，紧密联系亿万群众的创造性实践，作出新概括、获得新认识、形成新成果，以战略规划的方式，通过统一领导的方向引领，将首创精神的伟大成果普遍化，凝聚更为广泛的社会共识，在构建新发展格局、实现高质量发展、推动共同富裕中取得更大成就。

---

① 《习近平谈治国理政》第三卷，外文出版社 2020 年版，第 108 页。

② 尹汉宁：《尊重基层和群众的首创精神》，《光明日报》2013 年 3 月 29 日。

三、加强党对经济工作的战略谋划和统一领导需要进一步提升做好经济工作的能力

加强党对经济工作的战略谋划和统一领导，必须全面提高党领导经济工作的科学化水平。这是党领导经济工作、遵循经济规律的总要求和总方略。只有全面提高党领导经济工作的科学化水平，才能更好地真正地坚持党对经济工作的集中统一领导。为此，必须把握马克思主义的立场观点和方法，学好用好政治经济学，自觉认识和更好遵循经济发展规律，不断提高全面推进改革开放、领导经济社会发展、提高经济社会发展质量和效益的能力和水平。

（一）学好用好政治经济学

随着市场、产业、科学技术特别是互联网技术创新迭代速度加快，经济发展出现了新趋势新特点，也带来趋势性的新挑战。特别是，当前我国经济发展既面临中美多方面角逐和博弈、新冠肺炎疫情变化、潜在的全球金融危机等外部威胁，也存在企业债务违约、地方债务压力过大等可能带来系统性金融风险的内部压力。因此，习近平总书记指出，"要全面提高领导干部领导经济工作专业化水平"，"领导干部要成为经济社会管理的行家里手"。[1] 领导干部必须有较高的经济专业水平，了解资本投入、安全生产、股市调控、互联网金融管控等领域的系统知识，尤其是要掌握其方法论，做到理论联系实际。否则这些领域的判断失误、选择不慎、管控不力，就会发生问题甚至

---

① 中共中央文献研究室编：《习近平关于社会主义经济建设论述摘编》，中央文献出版社 2017 年版，第 328 页。

系统性风险。

学好用好马克思主义政治经济学。马克思主义政治经济学是马克思主义的重要组成部分，是根据辩证唯物主义和历史唯物主义的世界观和方法论，批判继承历史上经济学特别是英国古典政治经济学的思想成果。马克思主义政治经济学揭示了人类社会特别是资本主义社会经济运动规律。恩格斯说，无产阶级政党的"全部理论来自对政治经济学的研究"①。列宁把政治经济学视为马克思主义理论"最深刻、最全面、最详尽的证明和运用"。因此，做好经济工作，必须学习掌握马克思主义政治经济学的基本理论，掌握其分析资本主义生产关系和经济发展的方法论，并结合当前我国发展实践，分析把握世界经济政治运行的本质规律，认识我国经济发展的历史方位、结构形态和未来趋势，针对问题提出具有原创性贡献的经济学理论框架，用以指导我国的经济发展实践。

全面理解运用中国特色社会主义政治经济学。中国特色社会主义政治经济学立足于中国建设和改革发展的成功实践，是研究和揭示现代社会主义经济发展和运行规律的科学，是在长期的经济发展实践中，初步形成的科学完整的理论体系。毛泽东同志在新民主主义时期创造性地提出了新民主主义经济纲领，在探索社会主义建设道路过程中对发展我国经济提出了独创性的观点，如提出社会主义社会的基本矛盾理论，提出统筹兼顾、注意综合平衡，以农业为基础、工业为主导、农轻重协调发展等重要观点。这些都是我们党对马克思主义政治经济学的创造性发展。改革开放以来，我们党把马克思主义政治经济学基本原理同改革开放新的实践结合起来，不断丰富和发展马克思主

---

① 《马克思恩格斯文集》第 2 卷，人民出版社 2009 年版，第 596 页。

义政治经济学，形成了当代中国马克思主义政治经济学的许多重要理论成果，比如，关于社会主义本质的理论，关于社会主义初级阶段基本经济制度的理论，等等。尤其是，党的十八大以来，以习近平同志为核心的党中央成功驾驭了中国经济发展大局，在科学总结改革开放和社会主义现代化建设成功经验的基础上，围绕推进新时代中国经济发展提出了一系列治国理政的新理念新思想新战略，出台了一系列重大方针、政策和举措，形成了习近平新时代中国特色社会主义经济思想，赋予了中国特色社会主义政治经济学以新时代的意蕴。习近平新时代中国特色社会主义经济思想，科学揭示了新时代中国特色社会主义经济的本质特征及其内在规律，系统阐述了新时代中国经济发展的政治保证、根本目的、政策框架、阶段特征、制度基础、发展格局、工作方法等，成为中国特色社会主义政治经济学的最新成果，丰富发展了马克思主义政治经济学，开拓了马克思主义政治经济学新境界。因此，加强党对经济工作的战略谋划和统一领导必须全面掌握运用马克思主义政治经济学的系统理论和方法，尤其是要全面学习贯彻运用习近平新时代中国特色社会主义经济思想，在风云变幻的世界经济大潮中，更好回答我国经济发展的理论和实践问题，驾驭好我国经济这艘大船。

学习掌握科技创新规律。科学技术是第一生产力，创新是引领发展的第一动力。当前，全球新一轮科技革命孕育兴起，正在深刻影响世界发展格局，深刻改变人类生产生活方式。加强科技产业界和社会各界的协同创新，促进各国开放合作，是让科技发展为人类社会进步发挥更大作用的重要途径。解决"卡脖子"问题，打赢新时代科技战是加强党对经济工作的战略谋划和统一领导的核心任务，也应当成为领导干部增强本领的重要抓手。要在学习掌握人类科技创新的历史和规律基础上，及时了解科技发展的最新成果和前沿趋势，勇于创新，向科学技术要生产力，向科学技术要创造力，向科学技术要战斗力。

（二）坚持正确政绩观

经济社会发展是一个系统工程。做好经济工作，必须综合考虑政治和经济、现实和历史、物质和文化、发展和民生、资源和生态、国际和国内、短期和长期等多方面因素。加强党对经济工作的战略谋划和统一领导，必须坚持以人民为中心的发展思想，坚持正确政绩观，敬畏历史、敬畏文化、敬畏生态，慎重决策、慎重用权。这就要求党员领导干部在经济工作中，必须立足中华民族伟大复兴战略全局和世界百年未有之大变局，心怀"国之大者"，不断提高政治判断力、政治领悟力、政治执行力，不断提高政治能力、战略眼光、专业水平，敢于担当、善于作为，以国家政治安全为大、以人民为重，坚持高质量发展，坚持以经济建设为中心，科学把握形势、精准识别本质、敏锐明辨是非，坚决维护党中央权威和集中统一领导，把党中央决策部署贯彻落实好。

（三）加强调查研究

调查研究是了解情况、推动工作、为民办事的过程，更是自我提升的过程。重视和善于调查研究是中国共产党百年奋斗历程中的优良传统和历史经验，是实现正确领导的传家宝。调查研究不仅是工作方法，而且是世界观、认识论和方法论的统一体，关系到党风和党性，关系到党在各个发展阶段事业的兴衰成败，是党做好一切工作的基础。加强党对经济工作的战略谋划和统一领导，没有调查研究，甚至调查研究少了都可能带来认知片面、决策失误的情况。所以，必须增强调查研究的本领，把调查研究作为正确决策的基础和前提，科学分析形势、准确把握条件，制定出正确的路线方针政策。

调查研究，首先要有正确的态度和恰当的方法。习近平总书记认为，调查研究要运用"深、实、细、准、效"的五字诀，"努力在求深、求实、求细、求准、求效上下功夫"①。其次，必须有明确的问题导向。这是确保调查研究取得成效的基本前提。在加强党对经济工作的战略谋划和统一领导中，调查研究要重点关注经济社会发展各个阶段的主要矛盾和主要任务，围绕时代所赋予的中心工作和呈现的突出问题加强调查研究。其三，在获取第一手资料的基础上，开展系统研究，搞清楚事情背后所反映的问题的本质和规律，并提出解决问题的针对性举措。

---

① 习近平：《干在实处　走在前列——推进浙江新发展的思考与实践》，中共中央党校出版社 2006 年版，第 535 页。

第四章
结构政策要着力畅通国民经济循环

　　进入新发展阶段，国内外经济发展环境和条件发生深刻变化，无论是着眼于 2022 年经济的持续健康增长，还是立足于新发展格局的构建，"畅通国民经济循环"都是一项基础性工程。要坚持以国内大循环为主体，突破供给约束堵点，打通生产、分配、流通、消费各环节。结构性政策方面，着力于增强产业基础能力，提升制造业核心竞争力，加快形成内外联通、安全高效的物流网络，加快数字化改造，促进传统产业升级，坚持"房住不炒"，推进房地产业良性循环。

要实现 2022 年稳字当头、稳中求进，畅通国民经济循环是一项基础性工程。要夯实这项基础性工程，有效的结构政策是重要支撑。2021 年中央经济工作会议明确指出：结构政策要着力畅通国民经济循环。要深化供给侧结构性改革，重在畅通国内大循环，重在突破供给约束堵点，重在打通生产、分配、流通、消费各环节。要提升制造业核心竞争力，启动一批产业基础再造工程项目，激发涌现一大批"专精特新"企业。加快形成内外联通、安全高效的物流网络。加快数字化改造，促进传统产业升级。

一、畅通国民经济循环的原因

进入新发展阶段，国内外经济发展环境和条件发生重大变化，同时，持续时间具有不确定性的新冠肺炎疫情、地缘政治冲突等进一步恶化着 2022 年乃至更长时期的全球经济总体趋势。换句话说，无论是着眼于 2022 年经济的持续健康增长，还是立足于新发展格局的构建，"畅通国民经济循环"都是一项基础性工程。

（一）国际循环环境的变化提出了进一步畅通国民经济循环的要求

进入 21 世纪以来，我国以加入 WTO 为契机，逐步深度参与国际经济大循环，为我国经济实现快速增长和世界经济发展做出了重大贡献。然而，伴随着新兴经济体和发展中国家群体性的崛起，当今世界正经历百年未有之大变局，国际政治、经济、科技格局发生深度调整，一些国家单边主义、保护主义盛行，对世界和中国的和平与发展带来威胁和挑战，经济全球化遭遇逆流，世界经济低迷，国际贸易和投资大幅下降，全球产业链、供应链遭受冲击，在这种情况下，各国更加重视本国产业链体系的构建和完善，部分国家甚至不断强化对制造业关键供应链的控制，出现全球产业链本国化、地区化倾向。在不确定性不稳定性不断强化的外部环境的冲击下，以国际循环为主导的发展模式已不适应中国经济持续稳定增长的要求。习近平总书记指出："我们只有立足自身，把国内大循环畅通起来，努力炼就百毒不侵、金刚不坏之身，才能任由国际风云变幻，始终充满朝气生存和发展下去，没有任何人能打倒我们、卡死我们！"① 而且，作为一个拥有14亿多人口的大国，转向以国内经济循环为主导，建设强大国内市场，实现高水平的自立自强，进而畅通国民经济循环，具有内在必然性。对此，钱纳里曾指出，"虽然大国和小国在发展格局上可以归结出许多不同，但大国经济发展的最一般特征是由于人口众多、市场容量巨大，可以体现出更多的内向化倾向"。

（二）国内经济高质量发展的内在趋势要求加快畅通国民经济循环

从国内来看，中国经济已由高速增长阶段转向高质量发展阶段。当前我国社会的主要矛盾是人民日益增长的美好生活需要和不平衡不

---

① 习近平：《论把握新发展阶段、贯彻新发展理念、构建新发展格局》，中央文献出版社2021年版，第483页。

充分的发展之间的矛盾，因此，必须把发展质量问题摆在更为突出的位置。然而，现阶段，我国仍存在大量的结构性、体制性矛盾制约着高质量发展，例如，长期依靠引进国外先进技术推动本国技术进步，但新发展阶段迫切需要的关键核心技术难以引进，必须依靠自主创新；劳动力成本不断上升，原有的比较优势、竞争优势逐渐消失，必须转变发展模式，培育新的比较优势和竞争优势；社会分配方式和个人收入形式多样，但结构不合理，居民持续增收动力不足，不同群体、不同区域收入分配差距过大；全国骨干流通网络逐步健全，流通产业迅速发展，但国内统一大市场尚不健全，商品和要素自由流通仍面临隐性壁垒，流通产业仍存在科技含量低、区域发展不平衡等问题；内需市场规模和潜在需求庞大，真正形成购买力的现实需求不足；生态环境的恶化态势尚没有实现根本性扭转，能源资源供应长期紧张；等等。这一系列问题亦是国民经济循环不畅的重要表现，须在加快畅通国民经济循环中加以有效解决。

二、准确把握畅通国民经济循环的重点

畅通国民经济循环，重点在于以下三个方面：坚持以国内大循环为主体；突破供给约束堵点，提升供需适配性；打通生产、分配、流通、消费各环节。

（一）坚持以国内大循环为主体

40 多年来，我国深度融入经济全球化潮流，充分发挥后发优势，同时以劳动力比较优势积极参与国际分工协作，实现了经济高速增

长，并形成了国际循环主导下的经济发展格局。这种具有较强外向型特征的发展模式，使我国在遭遇 2008 年全球金融危机、中美贸易摩擦、新冠肺炎疫情冲击时，更容易遭受国际经济形势变化的负面影响。适时转变发展模式，减少对国际循环的过度依赖，开始成为内生性要求。当前，我国是全球第二大经济体、制造业第一大国，物质基础雄厚，综合国力居世界前列，从而以国内大循环为主体的基础条件已经累积到较高程度。从生产供给来看，我国具有最完整、规模最大的工业供应体系，是全世界唯一拥有联合国产业分类中所列全部工业门类 41 个工业大类、207 个工业中类、666 个工业小类的国家。从消费需求来看，我国拥有规模庞大、需求多样的消费市场。我国拥有 14 亿多人口，2021 年人均 GDP 接近高收入国家门槛，中等收入群体规模全球最大，为形成超大规模消费市场、进一步释放经济增长潜力奠定了人口基础。此外，以数字经济、电子商务、绿色金融等为代表的新兴业态进一步推进消费便利、生产流通，提高了供需两端适配能力，夯实了以国内大循环为主体的效率基础。

（二）突破供给约束堵点，提升供需适配性

近年来，供给侧结构性改革的推进取得了积极成效，但总体上，供给结构的调整升级仍不适应需求结构调整升级的步伐。生产阶段仍存在结构性失衡和产能过剩问题，供给体系质量不高，高端供给不足，产业链存在短板，导致国民经济运行不畅。因此，畅通国民经济循环，要求供需两端适配，关键在于进一步深化供给侧结构性改革，打通供给约束堵点。供给约束主要表现在：第一，关键核心技术创新能力不足。技术升级是产品升级的前提，我国自主创新能力不足，关键核心技术受制于人，直接制约生产效率、产品质量提升。第二，产

业基础能力不强。在许多基础领域，我国尚未掌握自主核心技术，产业自主性和控制力偏低，产业基础不牢，底子不厚，进而表现为制造业核心竞争力不强，国际分工地位偏低。第三，制度创新不足。当前我国对土地、劳动力、资本等重要生产要素仍存在十分明显的供给抑制与供给约束，制度体系的滞后制约了企业创新活力的释放，导致市场主体主动性不足，影响了供需两端适配性。

（三）打通生产、分配、流通、消费各环节

社会再生产是由生产、分配、流通、消费四个环节组成，是一个周而复始、不断循环的过程。生产是起点，分配和流通是中间环节，消费是终点，同时又是新的生产的起点，循环往复，推动社会生产力不断发展。如果循环出现不畅，社会再生产便会出现问题。目前我国在这四个环节都存在不同程度的梗阻，影响了国民经济的顺畅运行。

1. 生产环节：供给体系质量和需求结构不匹配，"卡脖子"问题亟须破解。一方面，低端产能过剩和中高端供给不足并存，难以满足消费者多样化、优质化需求。当前我国居民消费呈现平稳增长趋势，消费结构逐渐向享受型与品质型消费转变。例如，现阶段，中国居民对于进口商品的关注点主要包含设计、品质等方面，而对商品价格的关注度相对偏低。由于我国高端制造业、现代服务业起步较晚，发展水平不高，从而部分商品和服务出现同质化发展，低端供给过剩，高质量商品与服务供给短缺，难以满足民众不断增长的物质文化需求。供需错配梗阻进一步加剧国内消费需求外流，不利于实现供需两端相互牵引和推动国民经济循环。

另一方面，科技创新短板亟须补齐。长期以来，我国在部分关键

核心技术过度依赖发达国家，导致国内产业链面临较为严峻的"卡脖子"问题，构成了畅通国民经济循环的最大供给堵点。根据2019年中国工程院开展的中国制造业产业链安全评估，国内60%的制造业产业链可实现自主可控，但仍有8类产业高度依赖发达国家，所占比重达到30.8%，主要分布于设计和仿真软件、高端芯片以及光刻机等领域。"卡脖子"问题的成因主要有两方面：国际层面，近年来全球贸易保护主义抬头，西方发达国家为保护本国产业安全，采取了关键技术出口管制、部分企业重点关注等强硬措施，给我国产业链安全带来较大不稳定性；国内层面，我国创新体系建设仍存在突出短板，基础研究质量不高，科研成果转换不畅，产学研融合程度不够，制约了科技创新与产业发展的融合与双向促进。

2. 分配环节：收入分配失衡，收入差距过大。以低成本劳动力推动工业化发展的模式有利于促进经济快速增长，但在现实中，也致使居民收入水平提升速度与经济增速不匹配，劳动报酬在初次分配中的比重一直偏低。另外，不同区域以及不同群体之间收入差距过大。《中国统计年鉴2019》显示，国内90%的民众月收入不超过5000元，月收入在1000元以下的人口数量高达5.6亿。月收入在5000—10万元范围内、高于10万元的人口分别为1.2亿、3110万人。此外，目前房地产价格大幅上涨的窗口期基本关闭，房地产的财富效应日益减弱，现有财富分布格局存在被锁定的可能性。分配环节的梗阻不仅减弱居民持续增收动力，还会造成部分行业出现生产过剩情况，阻碍了国民经济的良性循环。

3. 流通环节：流通体系现代化程度不高，物流成本高筑。物流成本较高，推高了产品价格。2001年我国社会物流费用与GDP的比率是20%，2021年下降到14.6%，虽然取得了较大进步，但仍远高于美国、德国、日本等发达国家。尤其在新冠肺炎疫情冲击下，国内外物流体系受到严重冲击，流通受阻、物流费用进一步上涨，对畅通国民经济循环带来极大阻碍。

我国流通体系主要面临以下几大问题。一是流通基础设施薄弱。国家统计局数据显示，我国交通运输、仓储和邮政业固定资产投资额增速已由 2015 年的 14.3% 下降至 2021 年的 1.6%。同时，国内仍缺乏集仓储、配送和货运等多元功能于一体的物流中心，冷链物流硬件设施也较为匮乏。特别是农村地区存在着道路质量较差、公路等级较低等问题，阻碍了农产品"出村"，在一定程度上制约了流通效率提升和国内大循环形成。二是流通环节过多。长期以来，我国家电、服装销售采用多级代理分销模式，使得商品价格在流通中因代理商逐层加价而不断抬高。粗略估计，商品在流通中每多经过一个环节，价格将上涨 5%—10%。过多的流通环节提高了运输与储存成本，带来商品滞销、产销衔接不畅等问题。三是交通一体化程度不高。目前我国已形成"五横五纵"的交通运输体系，但交通通道网络的空间演进仍呈现出由东中部逐步向西部深入的特征，中西部高速公路网络密度远低于东部。流通运输体系整体供给质量较低制约了现代流通体系建设，难以发挥其对畅通国内大循环的支撑作用。

4. 消费环节：居民消费倾向偏低，消费潜能有待释放。新冠肺炎疫情冲击使居民消费遭受较大影响，居民消费支出大幅下降，线下消费低迷，旅游等享受型消费受到抑制。2020 年，全国居民人均消费支出为 21210 元，较 2019 年实际下降 4.0%；2021 年，全国居民人均消费支出为 24100 元，较 2020 年实际增长 12.6%；以 2019 年为基期两年平均实际增长 4.0%。2020 年，社会消费品零售总额为 39.2 万亿元，较 2019 年下降 3.9%；2021 年，社会消费品零售总额为 44.08 万亿元，较 2020 年增长 12.5%；以 2019 年为基期两年平均增速为 3.9%。由此，进一步挖掘居民消费需求，充分释放消费潜能，成为"十四五"时期畅通国民经济循环的应有之义。

应该强调注意的是，我国中等收入群体消费潜能未充分释放。一方面，居民消费倾向不仅受到当期收入水平影响，还会受到预期收入影响。当前，我国面临需求收缩、供给冲击和预期转弱三重压力，经济下行压力较大，居民未来收入预期受到较大影响，使居民消费倾向转弱。另一方面，教育成本过高，房价居高不下，对居民消费带来"挤出效应"。不仅青年人倾向于住房消费替代其他消费，中老年群体同样会将其他消费让位于下一代的教育与住房消费。长远来看，高住房成本和教育成本抑制了居民消费倾向，将成为阻碍国内大循环的主要堵点。

三、加快畅通国民经济循环的结构性政策着力点

结构性问题是今后一个时期国民经济循环不畅通、内需体系不完整、推进国内大循环进程滞后的根源，实现以下四个方面结构性政策的突破应成为 2022 年加快畅通国民经济循环的主要着力点。

（一）增强产业基础能力，提升制造业核心竞争力

产业基础是产业发展的基石，是提升产业链现代化水平和支撑我国高质量发展的必要前提，决定了产业发展的自主可控水平、未来竞争能力以及整体发展高度。改革开放以来，我国产业发展主要依靠加工组装以及终端产品制造方式嵌入全球产业链，推动产业规模和制造

水平快速提升，但这种发展路径主要是通过低成本引进和学习发达国家的先进技术，驶入后发赶超的"快车道"，不可避免产生产业基础能力弱，关键零部件、元器件和关键材料自给率低，基础不牢，底子不稳，关键核心技术"卡脖子"等问题。而且，该路径亦有着自增强的"锁定效应"。打破路径依赖，"再造"产业基础能力，是实现经济高质量发展的客观要求。

实施产业基础再造工程，要把握关键着力点，聚焦产业基础能力面临的要素、平台、制度的瓶颈制约，夯实产业基础再造的微观基础和制度基础。

1.坚持企业主体，激发一大批"专精特新"企业。发达国家经验表明，"专精特新"企业普遍集中在工业基础领域，具有核心竞争优势，发挥着连接断点、疏通堵点的重要作用。我国要围绕关键基础材料、核心基础零部件（元器件）、先进基础工艺和产业技术基础等工业"四基"，培育聚焦基础产品和技术研发的"专精特新"企业，加快发展先进制造业集群。

2.强化要素培育，打造支撑产业基础再造工程的高端要素。产业基础瓶颈的突破，归根到底要依靠技术创新能力的提升，而这又决定于高素质科技创新人才的培育。为此，亟须创新人才培养模式。一是培养具有科学探索精神的科学家和创新人员，通过深化科技体制改革，赋予其技术路线决策权、创新团队组建权，大力激发科技人才的创造性，将其从不合理的人才评价和经费管理机制中解放出来。二是弘扬精益求精、专心致志的工匠文化，打造技能型工匠人才。三是实施高等教育"强基"计划，大力培养新材料、高端芯片及软件等紧缺人才。

3.完善体制机制，夯实有利于产业基础能力提升的制度基础。实施产业基础再造工程，需要优化制度供给。新发展阶段，要进一步探索社会主义市场经济条件下新型举国体制，完善关键核心技术攻关突破机制，产业链上下游技术合作机制等，健全军民融合发展机制、国企产业基础再造支持机制等，厚植提升产业基础能力的制度土壤。

（二）加快形成内外联通、安全高效的物流网络

物畅其流，货通天下，是经济发展繁荣的标志。在市场经济中，流通是连接生产、分配以及消费的桥梁和纽带，是连接社会总供给和总需求的枢纽。顺畅的商品流通、货币流通、资本流通，是完成社会化大生产有效闭合的前提。市场经济越发达，越需要建立安全高效的物流网络。高效的流通体系不仅有助于提高国民经济总体运行效率，还能够在更大范围把生产和消费联系起来，提高供需两侧的匹配程度，使供给端灵活适应需求端变化；能够扩大交易范围，推动分工深化，提高生产效率，促进财富创造。今后一个时期，统筹推进现代流通体系建设，加快形成内外联通、安全高效的物流网络，可以从流通环境营造、市场主体培育、绿色流通体系建设等三个方面发力。

1.构建统一开放、公平有序的现代流通市场，营造良好流通环境。深化现代流通市场化改革是建设现代流通体系的重点任务之一。要着力打破阻碍要素、商品自由流动的市场壁垒和体制机制障碍，构建高水平现代流通市场，推进商贸市场、物流市场和交通运输市场融合联动、有机协同，充分释放各类市场活力；加强反垄断和反不正当竞争执法，维护流通市场公平竞争秩序。

2.培育一批优质高效现代流通企业，打造具有全球竞争力的市场主体。发挥企业主导力量，大力支持流通企业做大做强做优，激发创

新强劲动力，增强核心竞争力。推动现代流通企业一体化发展，促进商贸服务业和物流业深度融合，使流通深度嵌入工农业生产各环节，使跨界融合的新业态不断涌现。推动现代流通企业网络化发展，整合利用好商贸、物流网络及全球资源，构建安全高效价优的全球流通运营渠道。

3.加快绿色发展，建立低碳发展的现代流通体系。为此，要在数字化、组织化、绿色化上下功夫。数字化是要促进传统流通企业智能化改造和跨界融合，激发流通领域新技术新业态新模式不断涌现，打造数字经济新优势。组织化是要强化流通对要素配置的组织作用，推动行业资源整合，使产业链供应链的运作效率达到最优，以最低成本实现供需适配。绿色化是要将绿色发展理念贯穿流通全过程，大力推动交通运输绿色低碳转型，加快清洁能源推广应用，降低交通运输领域能耗和排放水平。

（三）加快数字化改造，促进传统产业升级

数字化改造是传统产业以数据作为核心驱动，将新一代信息技术与业务全面融合，变革产品服务形态、产业组织方式和商业模式，着力提高生产运营效率、市场响应水平，创造更大市场价值。随着5G、大数据、人工智能、物联网、云计算等新技术的兴起，数据资源成为关键生产要素，数字化改造成为促进传统产业质量变革、效率变革、动力变革的重要力量。

首先，数字化驱动传统产业不断向中高端迈进，推动传统产业智能化转型。数字化推动传统产业对企业整体业务进行"数字孪生"加工，实现采集数据、实时控制、统筹资源与智能化调度，加快了信息和知识要素在整个制造系统的流转，提高了传统产业内部结构的科技

含量，有助于提高生产质量，增进运营效率，缩短研发周期。其次，数字化促进传统产业与服务业融合发展，提升传统产业服务化水平。数字化加速了企业生产端与市场需求端的紧密连接，催生出新的商业模式，由以供给为导向的商业模式向以消费者需求为中心的价值创造逻辑转变，有利于提高产品附加值和市场占有率，提升传统产业核心竞争力，重塑产业链并提升产业链水平。再次，数字化提高供应链的数字化服务水平。数字信息技术有助于发挥产业链的协同效应，通过打造数字化供应链平台，企业增强了同产业链上下游供应商的联系，打通了从前端设计、生产、流通到最终消费等各个环节的堵点，提升了响应速度和决策效率。

建设制造强国、质量强国、数字强国是高质量发展的重要内容，应把握数字化发展机遇，多措并举促进传统产业升级，可从以下几个方面发力。

1. 加快数字技术高效供给体系建设。一方面，打造一批优势特色学科和专业，加强大数据、人工智能以及云计算等技术的基础研究，加快整合全球人才及平台资源优势，与全球顶级科研机构建立合作联系，力争在人工智能、工业软件等领域取得标志性创新成果。另一方面，培育数字创新型人才。深化校企合作与政企合作，鼓励高校根据市场人才需求，开设相应培训课程，并鼓励企业深度参与教学设计、实训课程等，培育精通信息技术的"数字工匠"。

2. 加强传统产业数字化改造政策支持。优化政务服务，提高政策精准度有效性，使政府真正成为传统产业数字化转型的"后台服务器"。统筹研究制定促进传统产业数字化转型的政策建议与配套措施，加大财税、金融、人才等政策力度，全力推动传统产业数字化发展。强化财政专项资金管理，引导财政资金加大对传统产业数字化发展的投入。积极推进首台（套）重大信息技术装备认定和扶持、数字经济领域软件和集成电路税收优惠等支持举措。探索设立传统产业数字化发展基金，推动政府产业基金与社会资本合作设立数字经济相关投资子基金。完善人才激励机制，探索灵活高效的人才引进、培养、评价政策，鼓励企业采用期权、股权激励等吸引领军人才。

3.加快新一代信息基础设施建设。5G、工业互联网、人工智能等数字化设施正成为新型信息基础设施的重要部分，要加快5G等新一代信息网络升级，加强工业互联网等新型信息基础设施布局，提升传统基础设施智能化水平，打造支撑产业发展的"低时延、高可靠、广覆盖"网络，建设适应实体经济与数字经济融合发展需要的信息基础设施体系。

（四）"房住不炒"，推进房地产业良性循环

房地产产业链条长、范围广，行业带动效应大，其健康发展对我国经济增长具有较强的拉动作用，但城镇住房价格的持续上涨和房地产市场的乱象丛生，必将损害经济增长，增加社会不安定因素。一方面，高房价对居民消费形成"挤出效应"，居民可支配收入大量流入房地产市场，居民支出占比不合理，造成内需乏力，国民经济循环不畅。另一方面，高房价强化了房地产的投机属性，实体企业的金融化倾向越发明显，这种"脱实入虚"行为不仅抑制了实体经济发展，也加剧了整个经济和金融体系的不稳定性。"让人民住有所居""房住不炒"，是我国治理房地产业的一贯方针。近年来，我国持续强化房地产市场调控，不断推进房地产长效机制建设，有效遏制了房价上涨。未来一个时期，应做好以下几方面工作，继续促进房地产的平稳健康发展。

1. 打破路径依赖，促进房地产业良性循环。要着力打破两个路径依赖，因城施策促进房地产业良性循环和健康发展。一是打破依靠房地产刺激经济的路径依赖，坚持"房子是用来住的、不是用来炒的"定位，真正实现房地产功能由投资投机属性回归到基本的居住属性。二是打破土地财政的路径依赖。土地财政模式使地方政府快速完成资本原始积累，推动了城镇化与工业化进程，但也带来了房价上涨过快、地方政府债务高企等问题。出台由自然资源部门负责征收的国有土地使用权出让收入全部划转给税务部门的政策、开展房地产税试点工作，在一定程度上为破解土地财政模式奠定了基础。

2. 坚持"房住不炒"定位，加强预期引导，积极探索新发展模式。党中央关于房地产调控的"房住不炒"基本原则将长期不变，加快由房地产向实体经济转型的决心坚定不移。新形势下，房地产业进入存量运营时代，房企应充分认识行业发展基本趋势，积极探索新发展模式、新业务，加快自身转型发展。

3. 加快发展长租房市场，促进住房市场供需平衡。合理的住房供应结构由住房销售、住房租赁以及保障性住房三部分组成。1998 年至 2014 年，由于我国住房供给总体不足，住房改革以发展商品房为主，租赁住房和保障性住房相对滞后。2015 年以来，中央出台了关于发展住房租赁市场、完善保障性住房体系等政策。经过多年的政策推动，住房租赁已成为缓解新市民、青年人居住问题的重要手段。为促进住房市场供需平衡，未来应进一步发展和规范管理住房租赁市场，以机构化长租房为重要抓手，提高租赁住房占比。

第五章

微观政策要持续激发市场主体活力

　　市场主体是推动经济发展的重要力量，激发市场主体活力不仅是推动经济高质量发展、构建新发展格局的微观基础，更是建设现代化经济体系的关键所在。近年来，中央经济工作会议反复强调微观政策要活，要激发企业活力和消费者潜力，在制度和政策上营造宽松的营商环境，保护各种所有制企业产权和合法利益，破除市场壁垒和地方保护。微观政策持续激发市场主体活力是系统的长期的过程，要直面市场主体需求，围绕市场主体精准施策，增强经济社会发展动能。

　　2021年中央经济工作会议提出，各方面要积极推出有利于经济稳定的政策，政策发力适当靠前，微观政策要持续激发市场主体活力。这也是连续几年中央经济工作会议强调的重要问题。党的十九届五中全会更是强调要将激发各类市场主体活力作为全面深化改革、构建高水平社会主义市场经济体制的一项重要内容，明确要求要毫不动摇巩固和发展公有制经济，毫不动摇鼓励、支持、引导非公有制经济发展，培育更有活力、创造力和竞争力的市场主体。回溯历史可以发现，市场主体活力关系经济社会发展的速度和质量。长期以来，中央政府围绕如何持续激发市场主体活力作出了一系列详细的制度安排，这些政策主要包括《中共中央国务院关于构建更加完善的要素市场化配置体制机制的意见》《建设高标准市场体系行动方案》《知识产权强国建设纲要（2021—2035年）》和《国务院关于深化"证照分离"改革进一步激发市场主体发展活力的通知》等。在当前经济面临需求收缩、供给冲击和预期减弱三重压力的情况下，激发市场主体活力不仅是推动经济高质量发展、构建新发展格局的微观基础，更是建设现代化经济体系的关键所在。然而，目前实体经济困难较多，民营和中小微企业融资难融资贵问题尚未有效缓解，营商环境与市场主体期待依然存在较大差距。为此，2022年《政府工作报告》强调要更大激发市场活力和发展内生动力。

一、激发市场主体活力是新发展阶段构建新发展格局的关键举措

改革开放以来，农村改革的率先突破为市场主体的改革发展作出了示范，中央政府开始探索如何培育充满活力的市场主体。1984年党的十二届三中全会通过的《中共中央关于经济体制改革的决定》指出："增强企业活力是经济体制改革的中心环节。"近40年来，中央政府采取了一系列政策措施，始终围绕增强企业活力这一中心环节进行改革。对于国有企业来说，在市场经济条件下，增强企业活力、提高经济效率的前提，是使国有企业成为独立的市场竞争主体。为此国有企业改革不断深入，从扩大国营企业管理自主权、实行利润留成、建立现代企业制度再到坚持政企分开、政资分开的国有企业改革。对于民营企业来说，中央政府立足"营造稳定公平透明、可预期的营商环境"这一战略目标，将推进"放管服"改革、优化营商环境作为激发市场主体活力和社会创造力的重要举措，给民营经济吃"定心丸"。[①] 中央政府之所以重视国有企业和民营企业等各类市场主体的活力，主要是因为市场主体是我国经济活动的主要参与者、就业机会的主要提供者、技术进步的主要推动者，在国家发展中发挥着十分重要的作用。因此，深入了解市场主体在促进经济社会发展、保障稳定就业和促进技术创新方面的重要作用，对更好地认识激发市场主体活力的必要性具有重要意义。

1.激发市场主体活力是推动高质量发展的首要条件。从微观主体

---

① 于文超、梁平汉：《不确定性、营商环境与民营企业经营活力》，《中国工业经济》2019年第11期。

来看，市场活力指的是市场实体自我积累、自我改造、自我发展的能力。从宏观效应来看，市场活力是经济主体总量有序扩张，要素配置循环顺畅。2017年中央经济工作会议明确将激发各类市场主体活力作为推动高质量发展的八项重点工作之一，会议明确指出："激发各类市场主体活力。要推动国有资本做强做优做大，完善国企国资改革方案，围绕管资本为主加快转变国有资产监管机构职能，改革国有资本授权经营体制。加强国有企业党的领导和党的建设，推动国有企业完善现代企业制度，健全公司法人治理结构。要支持民营企业发展，落实保护产权政策，依法甄别纠正社会反映强烈的产权纠纷案件。全面实施并不断完善市场准入负面清单制度，破除歧视性限制和各种隐性障碍，加快构建亲清新型政商关系。"2020年中央经济工作会议指出："要深入实施国企改革三年行动，优化民营经济发展环境，健全现代企业制度，完善公司治理，激发各类市场主体活力。"2021年中央经济工作会议对如何激发市场主体活力作出了更加具体的制度安排，会议指出："微观政策要持续激发市场主体活力。要提振市场主体信心，深入推进公平竞争政策实施，加强反垄断和反不正当竞争，以公正监管保障公平竞争。强化知识产权保护，营造各类所有制企业竞相发展的良好环境。强化契约精神，有效治理恶意拖欠账款和逃废债行为。"

2. 激发市场主体活力是稳定就业的客观要求。上亿市场主体承载着数亿人就业创业。2022年《政府工作报告》指出，强化就业优先政策，大力拓宽就业渠道，注重通过稳市场主体来稳就业，增强创业带动就业作用。2019年，全国新设市场主体2179万户，日均新设企业2万户，活跃度为70%左右，初步测算，每户小型企业可带动8—

9 人就业，一户个体工商户可带动 2—3 人就业。① 特别是党的十八大以来，我国上上下下积极大力推进大众创业、万众创新，支持农民工等人员返乡入乡创业，有效激发了市场活力和社会创造力，市场主体大量涌现，新产业新业态快速发展，创造了大量新工作新岗位，创业成为促进就业增长的重要源泉。2021 年中央经济工作会议指出："要继续做好'六稳'、'六保'工作特别是保就业保民生保市场主体。"无论是"六稳"还是"六保"，就业都居首位，因此有效保护和激发市场主体活力，才能实现稳就业、保就业。国家市场监督管理总局统计数据显示，从总量看，截至 2021 年底，全国登记在册的市场主体达到 1.54 亿户，同比增长 11.1%，其中，企业 4842.3 万户，个体工商户 1.03 亿户。从增量看，2021 年，我国新设市场主体 2887.2 万户，同比增长 15.4%。其中，企业 904.0 万户，同比增长 12.5%；个体工商户 1970.1 万户，同比增长 17.2%。党的十八大以来，市场主体总量已经比 2012 年底的 5494.9 万户增长了 1.8 倍，年均增长达到 12.1%。其中企业年均增长 15.1%，个体工商户年均增长 10.9%。全国日均新设企业由 0.69 万户持续增长到 2021 年的 2.48 万户。2021 年，李克强总理在十三届全国人大四次会议闭幕后的记者会上指出："今年我们确定新增城镇就业的目标是 1100 万人以上，希望在实际执行中还可以更高一点。我们也很明确，就业还是要让市场来唱主角，也就是继续通过保市场主体来保就业。"

3. 激发市场主体活力是实现市场在资源配置中起决定性作用的关键路径。对于我国来说，企业、个体工商户等市场主体，数量众多、形态各异，是国民经济的微观基础和最基本的经济细胞。市场主体的

---

① 杨宜勇、蔡潇彬：《新时代创业带动就业活力充分释放》，《经济与管理评论》2021 年第 2 期。

生存状态、活力大小，直接决定着国民经济整体的健康状况、运行的稳定性和发展的可持续性，决定着社会生产力解放和发展的程度与水平。我国市场活力对经济发展的影响也经历了一个动态化的演变过程。改革开放初期，各种市场主体尚未发育成熟，政府扮演着市场主体的角色，因此，政府对经济增长率的贡献明显高于真正的市场主体的贡献。当改革开放进入中期阶段时，真正的市场主体不断成熟，市场活力对经济增长率的贡献开始上升而政府竞争力对经济增长率的贡献开始下降。政府替代市场主体参与经济活动的负面效应开始凸显，改革前期政府单纯以高投入推动经济增长的粗放型经济增长模式到了改革中期出现了增长率下降的现象。[1] 目前，市场活力对促进经济发展的作用越来越明显，2021年上半年，我国新办涉税市场主体累计达到624.3万户，其中民营主体占比达到98.9%，成为中国经济活力的重要源泉；民间投资同比增长15.4%，其中制造业民间投资增长21.1%，基础设施民间投资增长17.2%；我国民营企业进出口8.64万亿元，增长35.1%，占我国外贸总值的47.8%。同样是在2021年上半年，超九成央企营业收入保持两位数增长，全国企业销售收入同比增长34.4%，两年平均增长15.1%。

4. 激发市场主体活力是推进科技创新的催化剂。长期以来，市场主体承担着科技创新的任务与职能，特别像华为、海康威视等企业长期走在科技创新的前列，技术能力实现了从"追赶"到"超越"与"引领"的转变。[2] 习近平总书记指出，"企业家要做创新发展的探索者、

① 冯涛、李湛：《政府、市场关系的动态演化与中国经济增长》，《陕西师范大学学报（哲学社会科学版）》2011年第2期。
② 卢现祥、李磊：《强化企业创新主体地位提升企业技术创新能力》，《学习与实践》2021年第3期。

组织者、引领者，勇于推动生产组织创新、技术创新、市场创新，重视技术研发和人力资本投入，有效调动员工创造力，努力把企业打造成为强大的创新主体"①。还需要深刻认识到的是，提升企业技术创新能力不仅是产业升级的需要，更是建立国内大循环的需要。一方面，我国正处于产业转型升级的关键时期，诸多产业的发展都面临"双端挤压"困境。如果企业未能真正确立起创新主体地位，那么企业则无法在技术创新中发挥主导作用，势必严重阻碍我国自主创新能力的提升。另一方面，构建双循环新发展格局下的产业链、价值链、供应链与创新链，也离不开企业技术创新能力提升的支持。改革开放以来，科技体制改革促进了创新要素的市场化配置，对外开放加速了创新要素的"引进来"和"走出去"进程。国家统计局数据显示，2004 年我国规模以上工业企业有 R&D 活动的数量为 17075 个，所占比重为 6.2%；到 2020 年，我国规模以上工业企业有 R&D 活动的数量增长至 146691 个，所占比重上升至 36.7%。从专利申请情况来看，2004 年我国规模以上工业企业专利申请数为 64569 件，到 2020 年，我国规模以上工业企业专利申请数增长至 1243927 件。

二、微观政策持续激发市场主体活力要找准着力点

近年来，中央经济工作会议反复强调微观政策要活，其中 2015 年中央经济工作会议就对微观政策激发市场主体活力的着力点作出了具体解释："微观政策要活，就是要完善市场环境、激发企业活力和

---

① 习近平：《在企业家座谈会上的讲话》，人民出版社 2020 年版，第 7 页。

消费者潜力。要做好为企业服务工作，在制度上、政策上营造宽松的市场经营和投资环境，鼓励和支持各种所有制企业创新发展，保护各种所有制企业产权和合法利益，提高企业投资信心，改善企业市场预期。要营造商品自由流动、平等交换的市场环境，破除市场壁垒和地方保护。要提高有效供给能力，通过创造新供给、提高供给质量，扩大消费需求。"因此，微观政策持续激发市场主体活力的着力点主要体现在激发企业活力和消费者潜力、在制度和政策上营造宽松的营商环境、保护各种所有制企业产权和合法利益、破除市场壁垒和地方保护。

（一）完善市场环境，激发企业活力和消费者潜力

从经济学角度分析，尽管各类市场主体的形式、产品、规模和技术不同，但其从事的主要经济活动是为消费者提供产品。如果提供的产品不能满足消费者需求，抑或是消费者没有需求，那么市场主体必然缺乏内生动力，从而导致活力不足。因此，激发企业活力和消费者潜力是一个问题的两个方面，如果想持续激发市场主体活力，那么首先要激发企业活力和消费者潜力。因此，灵活的微观政策就是要不断完善市场环境、激发企业活力和消费者潜力。通过完善市场环境，消除阻碍经济发展的制度性因素，发挥市场的主导作用，为市场主体营造更为宽松的经营环境与投资环境，提高市场与企业的信心。对于国有企业来说，应进一步加快体制机制改革，提高国有企业资源配置效率，发挥主导作用；对于民营经济来说，进一步消除制度性壁垒，发挥民营经济在技术与资金方面的优势，创造有效供给，提高供给质量，扩大消费需求。习近平总书记指出："要改善投资和市场环境，加快对外开放步伐，降低市场运行成本，营造稳定公平透明、可预期

的营商环境，加快建设开放型经济新体制，推动我国经济持续健康发展。"①2021 年中共中央办公厅、国务院办公厅印发的《建设高标准市场体系行动方案》明确提出，要改善市场环境和质量，并将提升商品和服务质量、强化消费者权益保护和强化市场基础设施建设作为改善提升市场环境和质量的主要内容。

（二）在制度和政策上营造宽松的营商环境

党的十八大以来，以习近平同志为核心的党中央高度重视政府职能转变，深化"放管服"改革，为优化营商环境、培育和激发市场主体活力提供了制度保障。2020 年 1 月 1 日起施行的《优化营商环境条例》对营商环境作出了明确定义："营商环境，是指企业等市场主体在市场经济活动中所涉及的体制机制性因素和条件。"需要看到的是，优化营商环境不仅有助于完善社会主义市场经济体制，而且有助于降低市场主体制度性交易成本。世界银行公布的《2020 年营商环境报告》显示，中国的营商环境排在第 31 位，比 2019 年提高了 15 位。《2020 年营商环境报告》还显示，近年来我国的税收制度改革在改善营商环境方面发挥了重要作用。在《2006 年营商环境报告》中，上海的企业平均每年要花费 832 小时来准备和申报纳税，此外他们还必须支付 37 笔款项。《2020 年营商环境报告》则显示，这些指标已经分别减少到了 138 小时和 7 笔款项。

营造宽松的营商环境应最大限度减少政府对市场资源的直接配置，最大限度减少政府对市场活动的直接干预，加强和规范事中事后监管，着力提升政务服务能力和水平，切实降低制度性交易成本，更

---

① 《营造稳定公平透明的营商环境　加快建设开放型经济新体制》，《人民日报》2017 年 7 月 18 日。

大激发市场活力和社会创造力，增强发展动力。此外，优化营商环境应当坚持市场化、法治化、国际化原则，以市场主体需求为导向，以深刻转变政府职能为核心，创新体制机制、强化协同联动、完善法治保障，对标国际先进水平，为各类市场主体投资兴业营造稳定、公平、透明、可预期的良好环境。

（三）保护各种所有制企业产权和合法利益

公有制为主体、多种所有制经济共同发展的基本经济制度，是中国特色社会主义制度的重要组成部分，也是完善社会主义市场经济体制的必然要求。党的十五大把"公有制为主体、多种所有制经济共同发展"确立为我国的基本经济制度，明确提出"非公有制经济是我国社会主义市场经济的重要组成部分"。党的十六大提出"毫不动摇地巩固和发展公有制经济"，"毫不动摇地鼓励、支持和引导非公有制经济发展"。党的十八大进一步提出"毫不动摇鼓励、支持、引导非公有制经济发展，保证各种所有制经济依法平等使用生产要素、公平参与市场竞争、同等受到法律保护"。因此，保护各种所有制企业产权和合法利益，重点首先应是保护民营企业的产权和合法权益。民营企业家是民营经济的产权所有者、企业管理者和实际经营者，同时也是社会主义市场经济的重要推动者和我们党在政治上的重要同盟者。习近平总书记强调："非公有制经济在我国经济社会发展中的地位和作用没有变，我们毫不动摇鼓励、支持、引导非公有制经济发展的方针政策没有变，我们致力于为非公有制经济发展营造良好环境和提供更多机会的方针政策没有变。"[1] 习近平总书记还强调："民营经济是我

---

① 《习近平谈治国理政》第二卷，外文出版社 2017 年版，第 259 页。

国经济制度的内在要素，民营企业和民营企业家是我们自己人。民营经济是社会主义市场经济发展的重要成果，是推动社会主义市场经济发展的重要力量，是推进供给侧结构性改革、推动高质量发展、建设现代化经济体系的重要主体，也是我们党长期执政、团结带领全国人民实现'两个一百年'奋斗目标和中华民族伟大复兴中国梦的重要力量。"① 因此，要采取各项措施，要通过稳定预期在政治上信任民营企业家、通过加强产权法律保护从制度上重视民营企业家、通过解决民营企业融资难融资贵等问题在政策上支持民营企业家，重点解决目前部分地方政府在保护各种所有制企业产权和合法利益方面的不作为不敢为与乱作为并存现状，解决政策虽多虽好但却不落实、不落细等问题，解决所有制歧视依然存在等弊端。

（四）破除市场壁垒和地方保护

市场壁垒和地方保护问题由来已久，已经成为影响市场主体活力的重要制度性障碍。市场壁垒地方保护表现为部分部门为维护行业或地方利益，实施各种违背市场规律、破坏市场基本运行规则的行为，其根源在于"分灶吃饭"的财政体制和不良政绩观下的"GDP 竞赛"。② 尽管近年来通过行政审批体制改革等措施，我国市场准入门槛有所降低，但在部分领域市场准入不畅通问题仍有待破解，且很大程度上不同市场主体之间存在明显的不平等。尽管我国努力践行"市场非禁即入"原则，但一些重点领域准入门槛仍然较高，仍存在不同程度的"卷帘门""玻璃门""弹簧门"等现象，民间投资者容易陷入"进无预期、

---

① 习近平：《在民营企业座谈会上的讲话》，人民出版社 2018 年版，第 7 页。
② 刘泉红：《"十四五"时期我国现代市场体系建设思路和关键举措》，《经济纵横》2020 年第 5 期。

行有阻碍、退无出路"的各种困境。同时，改革政策落实不到位，隐性壁垒难消除。在一些准入逐步放开的领域，也存在市场壁垒"虚低实高"等问题。习近平总书记指出："形成全国统一开放、竞争有序的商品和要素市场。要实施全国统一的市场准入负面清单制度，消除歧视性、隐蔽性的区域市场壁垒，打破行政性垄断，坚决破除地方保护主义。"①《中共中央关于全面深化改革若干重大问题的决定》也强调，"必须加快形成企业自主经营、公平竞争，消费者自由选择、自主消费，商品和要素自由流动、平等交换的现代市场体系，着力清除市场壁垒，提高资源配置效率和公平性"。"清理和废除妨碍全国统一市场和公平竞争的各种规定和做法，严禁和惩处各类违法实行优惠政策行为，反对地方保护，反对垄断和不正当竞争。"然而，市场封锁和地方保护正以更加隐蔽和多样的形式在制约市场主体。一是在保护内容上，由保护本地产品、资源为主转向保护本地市场为主，限制外地产品进入本地市场。二是在保护手段上，由简单设置关卡转为制定地方规则和行政壁垒，往往以"红头文件"形式使保护措施"合规化"；制定地方标准排斥外地产品和服务；通过对外地产品重复检验、多头执法等手段实施地方保护。三是在保护范围上，由过去的保护商品为主扩大到保护要素和服务市场。为此，破除市场壁垒和地方保护应该重点提升我国现代市场体系的系统性、创新性及运行效率，着力夯实产权制度、社会信用、市场监管、竞争政策、财税体制等关键性的制度基石，加快形成企业自主经营公平竞争、消费者自由选择自主消费、商品和要素自由流动平等交换的现代市场体系，确保实现准入畅通、开放有序、竞争充分、秩序规范。

---

① 《习近平谈治国理政》第三卷，外文出版社 2020 年版，第 272 页。

三、创新微观政策持续激发市场主体活力的实现路径

微观政策持续激发市场主体活力是系统的长期的过程，是社会主义市场经济健康发展的表征，因而其实现路径也是多元系统的综合性效应。

（一）深刻认识激发市场活力是新发展阶段构建新发展格局的必然举措

习近平总书记指出："正确认识党和人民事业所处的历史方位和发展阶段，是我们党明确阶段性中心任务、制定路线方针政策的根本依据，也是我们党领导革命、建设、改革不断取得胜利的重要经验。"[1] 进入新发展阶段，我们经济发展的方针政策、战略战术、政策举措、工作部署均发生了改变。改革开放以来，不断激发的市场主体活力为我国经济的高速增长奠定了物质基础，进入新发展阶段，我国经济由高速增长转向高质量发展，激发市场主体活力成为确保高质量发展的必然举措。从经济学角度分析，市场主体作为经济发展的内生动力源泉，只有不断激发市场主体活力，提高市场的创新能力，才能不断增加有效供给，实现供给引领需求，促进消费升级。特别是在构建以国内大循环为主体、国内国际双循环相互促进的新发展格局背景下，广大充满活力的市场主体将在畅通循环方面起到至关重要的作用。

---

[1]　习近平：《论把握新发展阶段、贯彻新发展理念、构建新发展格局》，中央文献出版社 2021 年版，第 470 页。

（二）深入推进公平竞争政策实施，平等保护各类市场主体合法权益

围绕使市场在资源配置中起决定性作用和更好发挥政府作用，着力解决市场体系不完善、政府干预过多和监管不到位问题，政府部门应坚持放管并重，实行宽进严管，激发市场主体活力，平等保护各类市场主体合法权益，维护公平竞争的市场秩序，促进经济社会持续健康发展。其基本措施应包括：（1）简政放权。充分发挥市场在资源配置中的决定性作用，把该放的权力放开放到位，降低准入门槛，促进就业创业。法不禁止的，市场主体即可为；法未授权的，政府部门不能为。（2）依法监管。更好发挥政府作用，坚持运用法治思维和法治方式履行市场监管职能，加强事中事后监管，推进市场监管制度化、规范化、程序化，建设法治化市场环境。（3）公正透明。各类市场主体权利平等、机会平等、规则平等，政府监管标准公开、程序公开、结果公开，保障市场主体和社会公众的知情权、参与权、监督权。（4）权责一致。科学划分各级政府及其部门市场监管职责；法有规定的，政府部门必须为。建立健全监管制度，落实市场主体行为规范责任、部门市场监管责任和属地政府领导责任。（5）社会共治。充分发挥法律法规的规范作用、行业组织的自律作用、舆论和社会公众的监督作用，实现社会共同治理，推动市场主体自我约束、诚信经营。

（三）强化知识产权保护，营造各类所有制企业竞相发展的良好环境

加强知识产权保护，是完善产权保护制度最重要的内容，也是提高我国经济竞争力的最大激励。其基本措施应包括：（1）强化制度约束，确立知识产权严保护政策导向。加大侵权假冒行为惩戒力度。研究制定知识产权基础性法律的必要性和可行性，加快专利法、商标法、著作权法等修改完善。完善地理标志保护相关立法。加快在专利、著作权等领域引入侵权惩罚性赔偿制度。严格规范证据标准。深入推进知识产权民事、刑事、行政案件"三合一"审判机制改革，完善知识产权案件上诉机制，统一审判标准。制定完善行政执法过程中的商标、专利侵权判断标准。（2）加强社会监督共治，构建知识产权大保护工作格局。加大执法监督力度。加强人大监督，开展知识产权执法检查。发挥政协民主监督作用，定期开展知识产权保护工作调研。建立健全奖优惩劣制度，提高执法监管效能。建立健全社会共治模式。完善知识产权仲裁、调解、公证工作机制，培育和发展仲裁机构、调解组织和公证机构。鼓励行业协会、商会建立知识产权保护自律和信息沟通机制。（3）优化协作衔接机制，突破知识产权快保护关键环节。优化授权确权维权衔接程序。加强专利、商标、植物新品种等审查能力建设，进一步压缩审查周期。重点提高实用新型和外观设计专利审查质量，强化源头保护。编制发布企业知识产权保护指南，制定合同范本、维权流程等操作指引，鼓励企业加强风险防范机制建设，持续优化大众创业万众创新保护环境。

（四）强化契约精神，有效治理恶意拖欠账款和逃废债行为

近年来，契约精神成为各级政府工作推进的重头戏，有效治理恶意拖欠账款和逃废债行为以及加快社会信用体系建设成为政府和市场主体关注的重点问题。其基本措施应包括：（1）完善社会主义市场经

济法律制度，强化法治保障。以保护产权、维护契约、统一市场、平等交换、公平竞争、有效监管为基本导向，不断完善社会主义市场经济法治体系，确保有法可依、有法必依、违法必究。（2）建立完善市场主体诚信档案"黑名单"制度，实施市场主体信用分类监管，建立重复侵权、故意侵权企业名录社会公布制度，健全失信联合惩戒机制。逐步建立全领域知识产权保护案例指导机制和重大案件公开审理机制。加强对案件异地执行的督促检查，推动形成统一公平的法治环境。（3）建立清理和防止拖欠账款长效机制。各级政府、大型国有企业要依法履行与民营企业、中小企业签订的协议和合同，不得违背民营企业、中小企业真实意愿或在约定的付款方式之外以承兑汇票等形式延长付款期限。加快及时支付款项有关立法，建立拖欠账款问题约束惩戒机制，通过审计监察和信用体系建设，提高政府部门和国有企业的拖欠失信成本，对拖欠民营企业、中小企业款项的责任人严肃问责。

（五）深化改革加强数据治理，推动有为政府与有效市场更好结合

当今世界处在信息主导权力的时代。随着数字技术革命的发展，"一切皆可数据化"。数据成为一切信息的表现形式与解读方式。大数据、人工智能等技术的发展，使得数据可以赋能传统生产要素，提升社会资源的配置效率。一定意义上，谁掌握了数据，就等同于掌握了具有基础性地位的重要战略资源。但同时，随着平台化模式的普及，数据越来越集中在少数平台上，越来越多的市场主体成为平台附属。为此，要通过法律体系的迭代优化，通过增强数据共享机制的监管干预、共建新型数字平台等方式促进主权范围内"开源"数字生态体系，

合理限制平台的无序扩张，优化数据治理，优化新型生产关系，探索建设更加公平合理的数字经济分配制度，做好大数据服务，激发和凝聚社会创造力，推动有为政府和有效市场更好结合。

第六章
改革开放政策要激活发展动力

　　改革开放是经济稳定发展的深层动力来源，改革开放为稳定宏观经济提供内部支撑、创造外部条件。从我国经济与社会发展的历程看，许多重大的改革举措，往往首先来自地方和基层。因此，要调动地方改革积极性，鼓励各地因地制宜，主动改革。在百年变局加速演进的背景下，以改革开放激发市场活力与发展内生动力，关键在于牵住改革"牛鼻子"，以重点带动全局。要深化要素市场配置改革与重点行业国有企业改革，加快构建高水平制度型开放新格局。

改革开放是推动转型与发展的不竭动力，新时代面向高质量发展更需正确认识、妥善处理改革、发展与稳定的辩证关系。2021年底召开的中央经济工作会议，作出我国经济发展面临需求收缩、供给冲击、预期转弱三重压力的重要判断，"稳"成为2022年经济工作的主基调，也是各类政策的发力基点。中央经济工作会议和2022年《政府工作报告》，都明确了以改革开放激发市场活力与发展内生动力的要求，这意味着在百年变局加速演进的背景下，改革开放成为稳定宏观经济、做强经济基础的关键之举。全面深化改革与推进高水平对外开放解决的是发展动力不足的问题，通过打通制约各类要素合理配置的体制机制障碍，化解影响经济稳定发展的结构性矛盾，达到稳定市场预期、持续释放发展潜力的效果。面对日趋复杂的外部环境，在稳中求进的要求下，如何抓住改革开放政策的紧迫关节，如何把握好改革开放的时度效，如何发挥以改革开放激发发展活力、稳定宏观经济的积极作用，这些是当前需要重点思考和回答的问题。

一、改革开放历来是稳定宏观经济的基石

从我国经济与社会发展的历程看，适时启动关键领域的改革，大力推动对外开放，历来是应对宏观经济波动的有效方式。

（一）改革开放是经济稳定发展的深层动力来源

改革开放是推动当代中国发展进步的关键一招，这不仅体现在改革开放政策释放了市场活力，有力带动了经济增长，也突出表现为其对宏观经济波动的平抑作用。改革开放以来的经济发展特征可以用"快"和"稳"两个字概括。按不变价计算，1978 年至 2021 年我国年均经济增速约为 9.2%[①]，远快于同期世界经济年均增速，从世界上最贫穷落后的国家之一跃升并稳居世界第二大经济体。事实上，人类历史上创造过"经济增长奇迹"的国家不仅只有中国，第二次世界大战后德国和日本经济的快速恢复、"亚洲四小龙"的崛起都堪称经济发展的典范。可贵之处在于，我国经济保持多年持续快速增长的同时，也从改革开放前"大起大落"式的增长变为稳中有进的运行，并且在面对金融危机与新冠肺炎疫情等全球性不利因素冲击的情况下，仍然能够在较短的周期内回到平稳增长的轨道，呈现出世所罕见的韧性与活力。

在 1953 年至 1978 年间，我国经济增速经历了多次较为明显的波动，在"过热"和"减速"、"冒进"和"困难"间反复切换，波峰和波谷落差最大达 48.6%，最小也高达 9.9%。[②]改革开放以后，经济增速波动幅度逐渐缩小，尤其在 1992 年党的十四大确立了建立社会主义市场经济体制的目标后，始终维持在 8% 至 12% 的水平。在经济发展进入新常态后，我国经济依然保持着稳定的中高速增长。

经济的快速平稳增长与改革开放的进程相伴而生，二者之间存在

[①] 数据来源：作者根据国家统计局公布的数据测算。

[②] 数据来源：国务院办公厅：《为什么要提出促进经济又好又快发展》，2007 年 3 月 20 日，见 http://www.gov.cn/ztzl/2007zfgzbgjd/content_555783.htm。

更深层的内在联系——改革开放为宏观经济的稳定提供了根本动力。总体上看，体制机制不畅引发的市场运转低效、国民经济的深层结构性矛盾突出、宏观经济调控政策的短期性以及外部不利因素对国内经济的负向冲击是引发、加剧宏观经济波动的四类主要原因。从"对症下药"的逻辑出发，稳定宏观经济的着力点在于破除阻碍发展的体制机制因素，打通经济循环堵点、增强供给和需求的适配性，提高政府的宏观经济治理能力并在更大范围、更宽领域、更深层次推进对外开放，提高国际经济竞争力、强固经济韧性。这四类"药方"本质上就是要毫不动摇地深入推进改革开放，构建有利于激发经济主体积极性的激励约束机制。

改革开放是稳定宏观经济的基石。1977 至 1978 年，党中央和国务院提出"抓纲治国"的战略决策，重启 1976 至 1985 年的十年经济计划，落实农村经济政策、恢复工业生产秩序并专门成立新技术领导小组负责引进外资和先进技术设备，经济得以恢复。① 然而，由于该阶段的经济调整并未触及体制性变革，部分发展指标脱离当时的生产能力与技术水平，经济发展仍未摆脱"高速度、高积累、低效益、低消费"的模式，宏观经济的稳定发展缺乏内生动力。1978 年底，党的十一届三中全会开启了改革开放的序幕。全会提出，国民经济的高速稳定发展，必须遵循客观经济规律，通过改革经济管理体制，充分发挥中央、地方、企业和劳动者的主动性、积极性和创造性。② 经过 1979 至 1983 年的调整与改革，国民经济发展保持较高速度，国民经济比例基本协调稳定。随着改革开放政策的深入实施，经济增速大起

---

① 朱培民：《中华人民共和国经济简史》，中共中央党校出版社 1994 年版。
② 《中国共产党第十一届中央委员会第三次全体会议公报》，人民出版社 1978 年版。

大落的状况逐渐得以扭转，尤其进入 2000 年以后，我国经济增长的韧性和可持续性不断增强。

2008 年全球金融危机以来，国民经济的深层结构性矛盾凸显。在当年的中央经济工作会议上，党中央提出要把深化重点领域和关键环节改革、提高对外开放水平作为保增长的强大动力。2020 年，面对新冠肺炎疫情对国内经济的冲击，中央经济工作会议也指出要全面推进改革开放。核心要义是构建高水平社会主义市场经济体制，充分发挥市场在资源配置中的决定性作用，更好发挥政府作用；推进高水平、制度型对外开放，促进国内制度体系和监管模式与国际对接。历史的经验表明，越是在宏观经济面临国内外不利因素冲击的时刻，越应该顶住压力、推进改革开放，以改革开放政策激发发展活力、稳定宏观经济。

（二）改革开放为稳定宏观经济提供内部支撑、创造外部条件

经济体制改革始终是全面深化改革的重中之重。在计划经济时期，工农业产品生产、要素配置与价格调控主要依靠行政手段，致使经济增长绩效对于政策的敏感度较高，客观上加剧了经济波动。一个典型的事实是，在政企难分的预算软约束化的企业管理体制下，经济政策的调控手段和效果都很有限，即使政策符合客观经济规律，也难以从根本上解决科尔奈所观察到的短缺经济现象。这使得国民经济难以避免地进入到供需结构、产业结构失衡的状态，经历投资扩张与调整降温的交替，直接表现为宏观经济的大幅波动。

在社会主义市场经济体制下，改革开放的逻辑主线就是正确处理政府与市场关系。从计划经济到商品经济再到市场经济，从封闭市场到开放市场再到推进高水平对外开放，政府和市场的边界逐渐

向有利于构建完善的市场经济体制、实现稳定的经济发展的方向倾斜。党的十八届三中全会首次提出要使市场在资源配置中起决定性作用，更好发挥政府作用，是我们党对政府和市场关系认知的又一次思想升华理论飞跃。随着改革开放的深入推进，市场主体可根据经济利益原则自主决策，价格主要由市场供求自发决定，政府宏观经济治理工具和治理能力也在实践中不断丰富和提高。由此可见，改革开放政策通过改善微观激励机制、矫正价格信号、培育产品市场、破除生产要素流动的体制障碍、转变政府经济职能等途径，有效稳定市场预期，激发市场活力，为宏观经济的稳定发展提供根本性的动力支撑。

与此同时，开放是我国积极融入国际分工的必然举措。按照比较优势组织起来的国际分工体系，为我国带来了经济绩效上的帕累托改进。尤其在加入世界贸易组织后，我国迅速成为世界制造中心，构建起与国际市场在产业链、技术链、供应链等方面的紧密联系。积极推动对外开放能够为稳定宏观经济创造必要的外部条件。直观来看，据国家统计局数据，2021 年我国制造业占 GDP 的比重达到27.4%，2020 年工业制成品出口额占出口总额的比重达到 95.5%。[①]同时，净出口本身就是国内生产总值测算的重要组成部分，国际贸易的发展程度直接决定经济绩效表现。这意味着我国制造业的发展在需求侧与国际市场紧密相关，能否在更大范围、更高层次参与到全球化分工以保持对外贸易的持续增长，对于宏观经济的稳定健康发展意义重大。

当前，经济全球化遭遇逆流，全球产业链面临地缘政治、世纪疫

---

① 数据来源：国家统计局，见 https://data.stats.gov.cn/easyquery.htm?cn=C01。

中国经济如何稳中求进

情等非经济因素冲击，导致全球经济增速持续放缓，然而我国却率先恢复生产，成为 2020 年唯一实现经济正增长的世界主要经济体。国家统计局数据显示，2021 年我国货物和服务净出口对国内生产总值的拉动比率为 1.7%，而 2017—2020 年这一比率分别为 0.3%，−0.5%，0.7% 和 0.6%。值得注意的是，2020 年货物和服务净出口对国内生产总值的贡献率为 25.3%，最终消费支出对国内生产总值的贡献为−6.8%，而在疫情前的 2019 年，消费支出贡献率为 58.6%，净出口贡献率仅为 12.6%。① 这至少说明，在面临疫情冲击导致的内需不足的情况下，对外开放有力地拉动了我国近两年来的经济恢复，发挥着稳定宏观经济的重要作用。

面对 2008 年全球金融危机以来，我国经济向国内大循环为主体转变的趋势，党中央提出构建新发展格局，实现高水平对外开放，打造国际合作和竞争新优势。习近平总书记指出："我国经济持续快速发展的一个重要动力就是对外开放。"② 新发展阶段通过对外开放激发发展活力、稳定宏观经济，首先，需要统筹推进要素流动型开放和制度型开放，吸进跨国企业投资，提高我国在全球产业链供应链创新链的影响力和竞争力。其次，需要锚定高水平自立自强的目标，在关键技术领域实现自主创新，推动产业结构与贸易结构升级，努力摆脱技术封锁，在国际贸易博弈中掌握主动权和话语权。最后，要构建与高水平开放相匹配的监管和风险防控体系，增强经贸摩擦应对能力与产业链供应链风险预警能力，以安全开放促进稳定发展。

① 数据来源：国家统计局，见 https://data.stats.gov.cn/easyquery.htm?cn=C01。
② 习近平：《在经济社会领域专家座谈会上的讲话》，人民出版社 2020 年版，第 8 页。

二、激活并调动地方参与改革的积极性

改革开放的历史同样证明，许多重大的改革举措，往往首先来自地方和基层。我国各地经济社会发展不平衡，政策实施条件有别，客观上需要地方政府从本地实际出发，创造性地贯彻落实中央关于改革的部署，主动探索推进改革。改革任务越重，就越要重视地方和基层的探索实践。

（一）调动地方改革积极性要客观看待"一刀切"现象

一段时间以来，部分地方政府在执行中央政策时，存在简单的"一刀切"现象。如在执行国家产能调控政策时，部分地方政府采取"一刀切"的处理方式，出现了企业法定生产经营权、独立决策权、企业家合法财产权受到侵害的现象，一定程度上破坏了企业家的投资预期、打击了企业家的投资信心；在主动调整经济和产业结构时，许多地方政府注重培育新兴产业，但忽视传统产业转型升级，出现了对传统产业的小微企业"一关了之、一迁了之"的现象；在贯彻执行"双控"和"双碳"相关政策时，有的地方搞"碳冲锋"，有的搞运动式"减碳"。在"能耗双控"目标压力下，有的地方不用改革的办法，而是简单层层分解任务，为了完成上级下达的"能耗双控"指标，干脆采取"拉闸限电停产"这一最直接、最简单、最粗暴的方式，使许多企业生产和居民生活受到影响。

上述这些问题，显然暴露出地方在经济治理上的短板。2021年12月召开的中央经济工作会议明确提出，要调动地方改革积极性，鼓励各地因地制宜、主动改革。不过，要问的是，地方政府为什么会

如此"不理性"地普遍选择政策执行"一刀切"？从理论上看，地方政府及其代理人也是在给定约束条件下进行行为选择的主体，地方普遍采取"一刀切"的处理办法，必须从整体制度设计上理解其行为选择。容易理解的是，当许多显性指标考核成为地方考核的重要内容，地方会在制度约束下"理性"选择最容易完成指标体系的政策操作，虽然事后看起来并不一定真正具有"理性"。因此，要发挥地方政府在推动经济体制改革中的积极主动作用，需要改变约束地方政府行为选择的规则体系。其中，最重要的就是用好地方政府之间的竞争机制，完善考核评价和激励保护制度。

（二）调动地方改革积极性要引导地方为改革而竞争

地方政府之间的有效竞争，构成中国经济高速增长的秘诀之一，也是中国特色社会主义经济体制的一项重要制度安排。事实上，地方政府也在为推动改革不断地进行竞争与合作。2022 年《政府工作报告》提出的深化改革一系列举措，许多也都需要地方政府的共同参与和推动。比如，推动政务数据共享，扩大"跨省通办"范围，基本实现电子证照互通互认，需要各地方政府积极参与，主动推动相关的改革。在监管创新上，地方监管体系建设需要加快，既要防止"一刀切"，也要防止监管缺位。激活并调动地方参与改革的积极性，需要增强政策配套，形成鼓励基层改革创新的合力。

第一，优化地方考核评价和激励机制。党的十八大以来，习近平总书记反复强调，"保护生态环境就是保护生产力"[1]，特别针对干部考核提出"要改进考核方法手段，既看发展又看基础，既看显绩又看

---

[1] 《中共中央关于党的百年奋斗重大成就和历史经验的决议》，人民出版社 2021 年版，第 51 页。

潜绩，把民生改善、社会进步、生态效益等指标和实绩作为重要考核内容，再也不能简单以国内生产总值增长率来论英雄了"①。这些重要论断，从根本上为地方政府开展高质量发展导向的改革，优化地方考核评价和激励机制，提供了根本导向和长期激励。

第二，建立与基层改革实际需要相匹配的权责体系。要进一步完善激励地方改革的制度安排，积极在更多领域推动央地财权事权关系再调整，重塑央地财权事权关系，缓解地方政府重视增长速度忽视制度改革的体制性压力，营造出想改革、谋改革、善改革的浓郁氛围，健全激励和保护机制，支持广大干部敢担当、善作为。

第三，重点治理地方改革面临的不公平竞争行为。地方在改革过程中，自身也面临着严重的竞争不公平现象。在地方为高质量发展而进行的制度改革过程中，这种不公平竞争的现象尤为严重，各地实施竞争性优惠政策措施，使得地方改革落入"囚徒困境"。需要加快要素市场化改革，通过取消和限制部分行政权力，逐步矫正地方政府扭曲要素市场的行为，使得地方政府愿意为改革而竞争，摆脱为优惠而竞争的局面。同时，也要清理现行排除限制竞争的政策措施，为改革奠定好制度基础。针对地方政府出台的各类政策，进一步落实好公平竞争审查制度，在地方政府之间形成为改革而竞争的框架性准则。

三、深化关键领域和重点行业改革

以改革开放激活发展动力、稳定宏观经济，需要有明确的政策导

---

① 《习近平谈治国理政》第一卷，外文出版社 2018 年版，第 419 页。

向和关键着力点。2021 年中央经济工作会议，突出强调了要素市场化改革与国企改革，并指明电网、铁路等自然垄断行业为改革的重点。2022 年《政府工作报告》进一步将抓好要素市场化配置综合改革试点与完成国企改革三年行动作为 2022 年政府的重要工作任务，这些方面无疑构成深化改革的关键领域和重点行业。

（一）深化要素市场化配置改革

要素市场化改革是党的十九大报告提出的经济体制改革的两个重点之一，是当前解决制约全局性、深层次结构矛盾的重要突破口。2020 年党中央、国务院印发《关于构建更加完善的要素市场化配置体制机制的意见》，对土地、劳动力、资本、技术、数据五个领域的要素市场化改革目标和举措进行了具体部署，这是中央关于要素市场化配置的第一份文件。在此基础之上，2021 年 12 月国务院印发《要素市场化配置综合改革试点总体方案》，为要素市场化改革试点工作设定了清晰的任务和时间表，提出到"十四五"规划末完成试点任务，显示出要素市场化改革的重要性和紧迫性。

要素市场是现阶段制约我国高标准市场体系建设的主要短板，突出表现为生产要素价格难以灵活反映真实的市场供需和资源稀缺程度，生产要素自由流动面临机制体制性障碍。这一症结的形成有其历史根源。我国的改革开放始于计划经济体制，政府替代市场组织生产、配置资源，最直接的表现是拥有"定价权"。在城市以国有企业为单位的人员管理机制，在农村以生产合作社和土地集体所有制为基础的生产要素组织模式为发挥国家的资源配置作用、提高积累率，集中力量建设工业提供了制度保障。然而，在转向社会主义市场经济的渐进式改革过程中，政府配置资源的模式并不符合市场经济发展规律。市场体系下，价格联通了产品生产、加工与销售各环节，将资源稀缺性和供求波动信息传递给市场决策主体，从而使要素资源投入到边际收益最高的领域，提高市场经济运行的效率。而政府配置资源一方面损失了要素价格的信息传递功能，另一方面通过选择性地将生产要素配置到某些具体领域、具体企业，为资源的流动设置了行政性壁垒，损害市场公平竞争秩序，妨碍统一大市场的形成。

党的十八大以来，要素市场化改革稳步推进，例如在商品价格形成机制上，2001 年《国家计委和国务院有关部门定价目录》规定的包括重要的中央储备物资、部分化肥、教材、天然气、电力等在内的 13 项政府定价名录，到 2019 年已经缩减为 7 项[1]。在资本要素领域，2019 年人民银行宣布改革完善贷款市场报价利率（LPR）形成机制，打破贷款利率隐形下限，畅通利率传导渠道。股票市场方面，上交所设立科创板并试点注册制，北京成立全国首家公司制证券交易所，以服务创新型中小企业。

尽管如此，在要素市场化改革方面，也存在亟待解决的问题。如城乡统一的建设用地市场仍未完善，且存在政府利用行政手段影响土地资源配置结果的现象；劳动力在城乡、区域和单位之间仍然存在流动障碍，配置效率有待提高；多层次资本市场体系有待完善，市场化利率与非市场化利率并存的"双轨制"仍待改革；科技研发主体与市场主体存在分割，导致产业链创新链融合困难；要素数据的确权与收益规则仍未确立等。[2] 坚持市场在资源配置中的决定性作用，更好发

---

① 输配电、油气管道运输（企业内部自用管道除外）、基础交通运输（铁路运输、港口服务、不具备竞争条件的国航国内航线及国际航线国内段旅客票价）、重大水利工程供水、重要邮政服务、重要专业服务、特殊药品及血液。

② 中国人民大学"完善要素市场化配置实施路径和政策举措"课题组：《要素市场化配置的共性问题与改革总体思路》，《改革》2020 年第 7 期。

挥政府作用是推进要素市场化改革的重要原则。一方面，应按照"市场决定，有序流动"的政策方向，扩大要素市场化配置范围，畅通要素流动机制，充分激发生产要素潜力，提高全要素生产率。另一方面，也要发挥有为政府引导要素向关键领域协同聚集发力的积极作用，管放结合，健全要素市场运行机制。

（二）深化重点行业国有企业改革

1978 年以来，国有企业始终是经济体制改革的重要领域，关系到国民经济稳定、安全、健康发展的全局。改革的大方向就是不断引入市场机制，至今已经历放权让利（1978—1984 年）、两权分离（1985—1991 年）、产权多元化（1982—1997 年）、抓大放小（1998—2002 年）、重塑国有资本所有权主体（2003—2014 年）和分类改革与混合所有制改革（2015 年至今）六个发展阶段。[1]

党的十八大以来，在"国有企业是中国特色社会主义的重要物质基础和政治基础，应坚持做优做大做强国有企业"的战略定位基础上，我国启动了新一轮国企改革的顶层设计。在"1+N"的政策体系下，国有企业提质增效取得显著成果，《国企改革三年行动方案（2020—2022 年）》也得到稳步落实。2021 年 6 月，央企集团层面已 100% 制定党委（党组）前置研究讨论重大经营管理事项清单，央企全员绩效考核覆盖率达到 98.2%，剥离企业办社会职能和解决历史遗留问题进入收官阶段。[2]"十三五"期间，中央企业资产总额突破 60 万亿元关口，2020 年底为 69.1 万亿元，年均增速达到 7.7%，净利润年均增速

---

[1] 杨瑞龙：《国有企业改革逻辑与实践的演变及反思》，《中国人民大学学报》2018 年第 5 期。

[2] 郝鹏：《中央企业实施三年行动取得阶段性进展》，《中国总会计师》2021 年第 6 期。

达到 9.3%，研发投入强度提高到 2.55%，超额完成"十三五"规划指标。[①]2021 年 1 至 12 月全国国有及国有控股企业营业总收入同比增长 18.5%，两年平均增长 9.9%；利润总额同比增长 30.1%，两年平均增长 12.1%。[②]然而，对照党的十九大报告所提出的"产权有效激励、要素自由流动、价格反应灵活、竞争公平有序、企业优胜劣汰"的经济体制改革目标，未来仍需进一步深化国有企业改革，而改革的关键就在电力、铁路等自然垄断行业。

所谓自然垄断行业，是指供水、电力、基本交通运输等存在规模经济和范围经济的行业。这些行业所需要的前期固定资本投入较高，存在较强的资产专用性，且产品往往具有准公共物品的性质，属于关系国计民生的关键领域。为最大化社会总福利，政府会对其市场准入进行管制以维持价格的合理性。然而，自然垄断下的企业缺乏市场竞争，准入与价格管制相当于以行政手段强化了企业的垄断地位，加之国有企业固有的预算软约束问题，这不可避免地催生了企业经营效率低下、垄断定价高于市场竞争价格的难题。党的十八大以来，我国自然垄断行业的国有企业改革稳步推进，在电信行业、民航领域等取得突破性进展，核心思路就是加快自然垄断行业竞争性环节市场化。

以电力系统为例，2002 年《电力体制改革方案》的出台标志着我国正式开启了电力市场化改革。根据《方案》要求，国家电力公司拆分为国家电网公司和南方电网公司两家电网公司以及华能集团、大唐集团、华电集团、国电集团和电力投资集团五家发电集团公司。

---

① 数据来源：国务院国有资产监督管理委员会，见 http://www.sasac.gov.cn/n2588025/n2588139/c17327765/content.html。

② 数据来源：国务院国有资产监督管理委员会，见 http://www.sasac.gov.cn/n16582853/n16582888/c22940505/content.html。

2015 年，为解决电力市场交易机制缺失导致的资源利用率低、售电侧竞争机制不足、政府管理电价难以及时并合理反映用电成本和市场供求波动等问题，我国启动了新一轮电力体制改革。改革方向仍是在电力行业构建有效的市场竞争格局，形成主要由市场决定能源价格的机制，逐步打破垄断，促进公平竞争。

2015 年出台的《中共中央、国务院关于深化国有企业改革的指导意见》再次指出，对自然垄断行业，实行以政企分开、政资分开、特许经营、政府监管为主要内容的改革，包括放开网运分开、放开竞争性业务等。可以预期的是，在"十四五"期间，伴随着国企改革三年行动的收官，以电力和铁路为代表的自然垄断行业市场化改革将持续推进，在竞争性业务与自然垄断性业务的界定、剥离国企竞争性业务的多元方式、对无法剥离行政性业务国企的补偿机制、进一步提高电力交易的市场化程度等方面实现新突破。

四、加快构建高水平制度型开放新格局

在扩大高水平对外开放、推动全方位对外开放方面，我国针对全球经贸新形势和全球分工新特点，近年来不断推动传统商品和要素流动型开放向规则和治理等制度型开放转变，积极加快构建高水平制度型开放新格局。扩大高水平对外开放，推动外贸外资平稳发展，也是2022 年《政府工作报告》明确的全年重要工作部署之一。

（一）为扩大高水平对外开放夯实制度基础

新形势下，共建开放合作、开放创新、开放共享的世界经济，仍

然是国际大势所趋。中国在降低市场壁垒、推进国内市场开放的同时，正着力推动全方位制度型开放。如今，市场与制度的深层次协同开放，成为中国高水平对外开放的一个鲜明特征。从传统的商品要素为主的经贸活动转向引领国际经贸规则调整，需要进一步确立和完善与中国市场双向开放相关的制度，为扩大高水平对外开放夯实制度基础。

1. 始终坚持对外开放基本国策。作为全球市场开放的受益者和倡导者，中国要始终坚持对外开放这一基本国策。"经济全球化是历史潮流。""世界经济发展面临的难题，没有哪一个国家能独自解决。"①纵观后金融危机时代的全球发展，世界经济格局深度调整、全球经贸规则破立兼存。特别是席卷世界的新冠肺炎疫情发生以来，全球经贸合作正经历第二次世界大战以后从未有过的挑战，贸易保护和单边主义、逆全球化潮流、反自由贸易的声音不绝于耳。在贸易保护主义盛行的当下，中国要始终坚持对外开放基本国策，市场广度和深度需要进一步开放。开放的中国大市场，也必将为各国企业在华发展提供更多机遇。

2. 着力推动全方位制度型开放。近年来，推动全方位制度型开放已经成为经济工作的一项重要部署。2018年12月，中央经济工作会议首次提出"推动由商品和要素流动型开放向规则等制度型开放转变"；2019年10月，党的十九届四中全会进一步提出"实施更大范围、更宽领域、更深层次的全面开放""推动规则、规制、管理、标准等制度型开放"；2019年12月，中央经济工作会议提出"对外开放要继续往更大范围、更宽领域、更深层次的方向走"；2021年3月，

---

① 习近平：《开放合作 命运与共——在第二届中国国际进口博览会开幕式上的主旨演讲》，人民出版社2019年版，第3页。

"十四五"规划中再次强调"加快推进制度型开放";2020年12月，中央经济工作会议提出"扩大高水平对外开放";2021年12月，中央经济工作会议重申"推动制度型开放"。之所以要推进制度型开放，关键在于全球贸易和经济活动的复苏，依赖一个交易成本更低的国际合作环境。在新形势下修复全球经贸关系，进一步促进经贸合作，需要各国共同降低阻碍世界经济合作和运行的系统性"摩擦力"，降低世界经济运行特别是和外贸相关的制度性交易成本。着力推动全方位制度型开放，是降低制度性交易成本的关键。

3.巩固多边双边合作制度基础。市场开放是国际经贸合作的逻辑基础，影响和推动深层次多双边合作的，则重在涉外经济的相关制度开放，这是近几年中国构建新时代全面开放新格局的重心所在。继续推动以自由贸易试验区和自由贸易港为重要内容的新型对外经济体制改革，不断总结可推而广之的经验；塑造市场化、法治化、国际化营商环境；加强对投资者的保护，尤其是对知识产权等的保护。在跨区域自由经贸合作的制度探索方面，要不断以制度改革推动高标准自贸协定落地。

（二）拓展对外经贸合作稳定对外贸易

中国大规模市场开放，为经济全球化增加动力；中国全方位制度开放，为经济全球化减轻阻力。当下，要充分利用好两个市场两种资源，不断拓展对外经贸合作，多措并举稳定对外贸易。

1.积极利用好多边经贸合作区域新平台。2020年11月15日，中国与东盟十国、日本、韩国、澳大利亚和新西兰等15国经贸部长共同签署了《区域全面经济伙伴关系协定》（RCEP），该协定已于2022年1月1日正式生效，区域内90%以上的货物贸易将最终实现零关税。国家统计局数据显示，2019 年中国对 RCEP 其他 14 个成员国出口额为 6677 亿美元，占中国出口总额的 26.7%；对其他 14 个成员国进口额为 7614 亿美元，占中国进口总额的 36.6%。同年，中国收到来自其他 14 个成员国的外商直接投资额约为 176 亿美元，占中国外商直接投资总额的 12.7%；中国对其他 14 个成员国对外直接投资额为 158 亿美元，占中国对外直接投资总额的 11.6%。因此，RCEP 有助于扩大中国优势产品出口，提升区域内投资增长，在多方面促进中国对外贸易与投资发展，是当下稳定对外贸易的重要平台。

2. 多措并举为拓展对外贸易提供制度保障。要为企业出口提供更大范围的风险保障。扩大出口信用保险对中小微外贸企业的覆盖面，加强出口信贷支持；要为外贸企业提供更加便利的服务。优化外汇服务，加快出口退税进度，帮助外贸企业稳订单稳生产。在流通领域，深化通关便利化改革，加快国际物流体系建设，助力外贸降成本、提效率。要加快发展外贸新业态新模式，充分发挥跨境电商作用，支持建设一批海外仓。同时，也应创新发展服务贸易、数字贸易，积极扩大优质产品和服务进口。

（三）以体制机制改革稳定外商投资

1. 持续压减外资准入负面清单。我国在外资市场准入方面已经有了成熟的制度设计，准入前国民待遇加负面清单的管理制度，经过最初自贸区的特殊探索和经验总结，现已全面实施。早在 2013 年，上海自贸试验区率先探索准入前国民待遇加负面清单管理模式。截至 2022 年，我国已先后公布八版自贸试验区负面清单，2021 年版自贸试验区外资准入负面清单已从 2013 年的 190 条大幅缩减至 27 条。在自贸试验区实践的基础上，从 2018 年开始我国在全国全面推行了外资准入负面清单管理模式，相继公布了四版负面清单，将自贸试验区探索的较为成熟、风险可控的开放措施进行推广。高水平扩大对外开放，促进深层次体制机制改革，是稳定外商投资的关键。

2. 引导好外资投资领域和方向。随着自贸试验区特别是海南自由贸易港建设，市场开放进一步加深，更多领域已经允许实行外商独资经营模式，放宽服务业准入的探索也不断持续深入。在扩大鼓励外商投资范围、准入放宽的背景下，引导好外资投资领域和方向至关重要。要在吸引更多跨国公司投资的同时，引导其更好服务中国经济社会发展的整体布局，特别是要支持外资加大中高端制造、研发、现代服务等领域和中西部、东北地区投资。优化外资促进服务，推动重大外资项目加快落地。

3. 落实好外资企业的国民待遇。2019 年 3 月通过的《中华人民共和国外商投资法》，已经为外资企业享受国民待遇提供了最根本的法律保障。外资准入负面清单也已经大幅缩减。当下，不仅要全面清理、修改、废止与《外商投资法》不符的法律法规、规范性文件，还要全面清理外资准入负面清单之外对外资单独设置的准入限制，依法保障内外资企业依法平等使用资金、技术、人力资源、土地使用权等各类生产要素和公共服务资源。同时，要完善与负面清单管理模式相配套的事中事后监管制度。

（四）推动共建"一带一路"高质量发展

在高度分工的世界经济体系中，开放、融通、互利、共赢是中国应对经济全球化逆流、反对贸易保护主义的合作观。在这样的理念下，"一带一路"倡议将沿线国家基础设施建设需求、建设资金缺口和中国生产能力、资金供给结合起来，以共商共建共享的市场化运作模式将这些国家引入世界分工体系，共筑人类命运共同体。

1. 要基于市场合作导向推动"一带一路"。习近平总书记曾指出，"一带一路"本质上是"通过提高有效供给来催生新的需求，实现世界经济再平衡"①。从合作各方来看，"一带一路"不仅仅是商品和要素的流动，更重要的是，"一带一路"框架提供了一种有别于传统贸易的全新合作模式。在这个新模式下，沿线国家与我国可以实现合作共赢、优势互补。我国拥有大量的外汇储备、一流的基础设施建设能力、充足的产能以及完善的基础工业体系，可以作为新合作模式的要素与产出供给方；沿线国家实现经济发展"起飞"仍缺乏有效的支撑体系，其中基础设施建设是较大的短板，加之建设资金普遍匮乏，因而成为新合作模式的潜在需求方。这个新合作模式要有现实供给与需求支撑，必须基于市场导向，由"共商共建共享"理念引领，这是"一带一路"高质量发展的基础。

2. 要突出以重大国际合作项目为载体。从实践来看，"一带一路"的载体是重大国际合作项目，中国与沿线国家在互利共赢中共同完成有助于东道国改善民生和培育经济增长动力的合作项目。根据世界银行测算，亚洲每年基础设施资金需求约为 8000 亿美元，但亚洲开发银行和世界银行每年在亚洲地区基础设施投资只有几百亿美元左右，资金缺口巨大。在"一带一路"推进的过程中，以重大国际合作项目为载体，能够更好利用全球资源和市场，世界分工体系也得以重塑，尤其为我国经济和产业实现向全球价值链两端攀升提供了有效的载体。

在传统开放模式下，企业的盈利与回报是基于当期交易所得；在

---

① 《习近平谈治国理政》第二卷，外文出版社 2017 年版，第 504 页。

以"一带一路"为主要框架的新合作模式中，我国企业的盈利和回报是建立在沿线国家"发展起来"基础之上的，是共享沿线国家未来经济增长的潜力，较好地避免了传统贸易模式下遇到的系列困境。

第七章
区域政策要增强发展的平衡性协调性

　　改革开放以来，我国经济实力大幅跃升，但发展不平衡、不协调、不可持续的问题十分突出。党的十八大以来，以习近平同志为核心的党中央高度重视区域协调发展，深入实施区域重大战略与区域协调发展战略，解决我国经济与社会发展不平衡问题。2021 年，我们全面建成了小康社会，历史性地解决了绝对贫困问题。站在开启全面建设社会主义现代化国家新征程的崭新起点，要继续推进以人为核心的新型城镇化，走中国特色社会主义乡村振兴道路，增强发展的平衡性协调性。

区域政策是适应区域发展条件和发展环境变化而作出的区域发展战略部署。2021 年 12 月召开的中央经济工作会议提出"稳字当头、稳中求进"总要求，并首次提出七大政策组合。区域政策是其中重要内容之一，会议提出区域政策要增强发展的平衡性协调性。具体而言，就是要深入实施区域重大战略和区域协调发展战略，促进东部、中部、西部和东北地区协调发展。全面推进乡村振兴，提升新型城镇化建设质量。

一、我国发展不平衡问题仍然突出

改革开放以后，党扭住经济建设这个中心，领导人民埋头苦干，创造出经济快速发展的奇迹，国家经济实力大幅跃升。同时，由于我国地域辽阔，各地的发展基础有较大差异，还有一些地方和部门存在片面追求速度规模、发展方式粗放等问题，经济结构性体制性矛盾不断积累，发展不平衡、不协调、不可持续问题十分突出，具体表现为以下几个方面。

区域发展不平衡。区域发展不平衡受到客观的自然地理、资源禀赋和社会综合因素影响。新中国成立之初计划经济时代，区域经济发展水平比较低，发展差距不明显。随着改革开放以来，实行市场经济体制，东部沿海地区最早对外开放，充分利用其有利的区位条件，积极参与国际分工，经济发展迅速，既成为中国经济腾飞的巨大引擎，也拉大了与中西部地区的差距。20世纪末以来，我国实行了西部大开发、中部崛起、东北振兴等一系列的区域总体发展战略，区域发展差距趋于收敛，区域协调发展取得一定进展。不过，四大板块之间的发展差距仍然存在，发展不平衡问题仍然突出，西部地区占全国57%的国土面积只有6%的人口，而东部地区以43%的国土面积承载了94%的人口。近些年，我国区域空间发展格局发生了新的变化，呈现新特征。习近平总书记指出，当前我国区域经济发展出现一些新情况新问题，其中之一就是"区域经济发展分化态势明显"①。各板块内部也出现明显分化，有的省份内部也有分化现象。东北地区、西北地区发展相对滞后。2012年至2018年，东北地区经济总量占全国的比重从8.7%下降到6.2%，常住人口减少137万，多数是年轻人和科技人才。一些城市特别是资源枯竭型城市、传统工矿区城市发展活力不足。其二是由传统板块间发展差距问题转变为南北差距问题。长三角、珠三角等地区已初步走上高质量发展轨道，一些北方省份增长放缓，全国经济重心进一步南移。2018年，北方地区经济总量占全国的比重为38.5%，比2012年下降4.3个百分点。

城乡发展不平衡。造成中国城乡发展不平衡的原因，首先是制度上的差异。城乡制度要素分割造成了城乡间发展不平衡，土地、户籍制度上的差异造成制度上的不平衡。新中国成立后，为了尽快摆脱"一穷二白"的落后面貌，快速进入世界大国行列，我国借鉴了苏联模式，大力发展工业经济，采取非均衡发展策略，优先发展城市、优先发展重工业，由于资本原始积累的需要，采取了农业"剪刀差"的

---

① 《习近平谈治国理政》第三卷，外文出版社2020年版，第270页。

形式，以农补工，基本上是重城市建设、轻农村发展，而且在制度安排上实施了农产品统购统销、城乡人口分割的户籍管理制度，导致城乡二元格局。改革开放以后，进行市场化改革，要素流动相对自由，商品市场化，一定程度上推动了城乡共同发展。但是城乡发展不平衡的现象依然存在，从经济发展上看，城市是经济增长的中心，承载了大部分的产业，创造就业岗位，承接了大量的农业转移人口。进入21世纪，政府加大对城乡关系发展不平衡的调节，实施了一系列缩小城乡差距的战略举措，加大财政对农村基础设施投入，全面取消农业特产税、逐步取消农业税，推动建设社会主义新农村、美丽乡村等措施，城乡发展不平衡的差距正在逐步缩小。城乡发展不平衡，还反映在社会公共服务水平上，城市与农村在享受教育、医疗、社会保障水平等方面还存在较大差距，正是这些差距导致了要素资源的单向流动，由乡村单向流往城市，农村的优质资源要素被吸附走，造成了当前"城市病"与"空心村"问题并存的空间结构性失衡。

收入分配不平衡。党的十八大以来，我国采取了一些行之有效促进城乡区域协调发展的措施，历史性地解决了绝对贫困问题，大大缩小城乡收入差距和不同群体间的收入差距。尤其是城乡居民收入增速超过经济增速，城镇居民人均可支配收入、农村人均可支配收入由2013年的26467元、9430元分别增长到2020年的43834元、17131元。从城乡居民人均可支配收入倍差来看，已由2007年的3.3倍下降到2020年的2.6倍，但与2以内的理想值还有一定距离，而且城乡收入差距的绝对值仍然在拉大。基尼系数是国际通行用来衡量收入分配差距的重要指标。一般而言，基尼系数0.2以下表示收入分配绝对平均，0.2—0.3表示收入分配相对平均；0.3—0.4表示收入分配相对合理；0.4—0.6表示收入分配差距较大。国家统计局数据显示，2003—2019

年中国的基尼系数呈现了先上升后下降的趋势，由 2003 年 0.48 左右上升到 2009 年 0.49，处于高位运行阶段，之后，我国基尼系数呈下降趋势，2019 年已经下降到 0.465。但是，目前我国收入差距仍然偏大，今后仍需采取有效措施调节收入分配差距。

二、深入实施区域重大战略

当今世界正经历百年未有之大变局，我国发展的国内外环境发生前所未有的深刻变化。区域政策要服务于国家经济社会发展大局。党的十八大以来，以习近平同志为核心的党中央高度重视区域协调发展，提出了京津冀协同发展、长江经济带发展、粤港澳大湾区建设、长三角一体化发展等新的发展战略，编制《黄河流域生态保护和高质量发展规划纲要》，建设雄安新区等重大战略，取得了明显的效果，高质量发展的动力源不断拓展，京津冀、粤港澳大湾区、长三角等地区引领作用不断凸现。2019 年，京津冀、粤港澳大湾区、长三角地区生产总值占全国比重达 44%。深入实施区域重大战略，要以高质量发展为主题，不能简单要求各地在经济发展上达到同一水平，而是必须根据各地的实际，根据合理分工、优化发展的路子，推动产业和人口向优势区域集中，形成几个能够带动全国高质量发展的新动力源，进而提升经济总体效率。必须坚定不移贯彻创新、协调、绿色、开放、共享的新发展理念，坚持稳中求进工作总基调，以推动高质量发展为主题，以满足人民日益增长的美好生活需要为根本目的，加快建设现代经济体系。要发挥中心城市和城市群带动作用，建设现代化都市圈，形成一批新增长极。

京津冀协同发展要始终把疏解北京非首都功能作为关键，优化区域经济和空间结构，高标准、高质量建设雄安新区和北京城市副中心，进一步提高为中央政务功能服务保障水平。京津冀协同发展意义重大，对这个问题的认识要上升到国家战略层面。要增强推进京津冀协同发展的自觉性、主动性、创造性，增强通过全面深化改革形成新的体制机制的勇气，继续研究、明确思路、制定方案、加快推进。通过疏解北京非首都功能，调整经济结构和空间结构，走出一条内涵集约发展的新路子，探索出一种人口经济密集地区优化开发的模式，促进区域协调发展，形成新增长极。要更好发挥北京在中国服务业开放中的引领作用，支持北京打造国家服务业扩大开放综合示范区，加大先行先试力度，探索更多可复制可推广经验；设立以科技创新、服务业开放、数字经济为主要特征的自由贸易试验区，构建京津冀协同发展的高水平开放平台，带动形成更高层次改革开放新格局。要努力在交通、环境、产业、公共服务等领域取得更多成果。要积极谋划冬奥场馆赛后利用，将举办重大赛事同服务全民健身结合起来，加快建设京张体育文化旅游带。

长江经济带要坚持共抓大保护、不搞大开发，协同推进生态保护、促进经济高质量发展，深入推进长江流域生态环境系统治理和保护修复，加快建设生态优先绿色发展先行示范区。实施长江一体化发展战略，要以一体化的思路和举措打破行政壁垒，提高政策协同，让要素在更大范围内畅通流动，发挥各地区的比较优势，加强产业合作、设施共建、服务共享，实现更合理分工，凝聚更加大合力。要践行新发展理念，不断提升创新力和竞争力，率先实现质量变革、效率变革、动力变革。要发挥数字经济优势，加大科技攻关力度，加快产业数字化、智能化转型，提高产业链供应链稳定性和竞争力，把创新主动权、发展主动权牢牢掌握在自己手中。要提升长三角城市发展质量，注意保护好历史文化和城市风貌。要在生态保护和生态文明建设上走在前列，狠抓生态环境突出问题整改，夯实绿色发展生态根基。要推动高水平对外开放，深化开放合作，进一步优化营商环境，不断增强国际竞争合作新优势。

粤港澳大湾区建设是国家重大发展战略，深圳是大湾区建设的重要引擎。深圳要建设好中国特色社会主义先行示范区，创建社会主义现代化强国的城市范例，提高贯彻落实新发展理念能力和水平，形成全面深化改革、全面扩大开放新格局，推进粤港澳大湾区建设，丰富"一国两制"事业发展新实践，率先实现社会主义现代化。这是新时代党中央赋予深圳的历史使命。要抓住粤港澳大湾区建设重大历史机遇，着眼于高质量发展和促进香港、澳门融入国家发展大局，着力破除粤港澳三地体制障碍，有序推动三地规则相互衔接和互利合作，推进生产要素流动的人员往来便利化，加快建设深圳中国特色社会主义先行示范区，构建与国际接轨的开放型经济新体制。要深化前海深港现代服务业合作区改革开放，规划建设好河套深港科技创新合作区，加快横琴粤澳深度合作区建设。要以大湾区综合性国家科学中心先行启动区建设为抓手，加强与港澳创新资源协同配合。要继续鼓励引导港澳台同胞和海外侨胞充分发挥投资兴业、双向开放的重要作用，在经济特区发展中作出新贡献。要充分运用粤港澳重大合作平台，坚定不移实施创新驱动发展战略，培育新动能，提升新势能，建设具有全球影响力的科技和产业创新高地。要围绕产业链部署创新链、围绕创新链布局产业链，前瞻布局战略性新兴产业，培育发展未来产业，发展数字经济。要加大基础研究和应用基础研究投入力度，发挥深圳产学研深度融合优势，主动融入全球创新网络。要对标国际一流水平，大力发展金融、研发、设计、会计、法律、会展等现代服务业，提升服务业发展能级和竞争力。要实施更加开放的人才政策，引进培养一批具有国际水平的战略科技人才、科技领军人才、青年科技人才和高水平创新团队，吸引更多港澳青少年来内地学习、就业、生活，促进粤港澳青少年广泛交往、全面交流、深度交融，增强对祖国的向心力，聚天下英才而用之。

积极推进黄河流域生态保护和高质量发展。要坚持生态优先、绿色发展的原则，推进沿黄河生态带建设。要加强黄河上游水资源涵养、黄河中游水土保持、黄河下游三角洲湿地保护力度。坚持节水优先，还水于河，先上游后下游，先支流后干流，推进水资源节约集约利用。全面实施深度节水控水行动，把农业水消耗降下来，推进工业节水、城市节水降损等工程。加大对黄河流域水、大气、土壤污染治理力度，推动高耗水、高污染、高风险产业布局优化和结构调整。推进兰州—西宁城市群、黄河"几"字湾都市圈协同发展，强化西安、郑州国家中心城市带动作用，发挥山东半岛城市群龙头作用，推动沿黄河地区形成特色鲜明的高质量发展区域布局。

要坚持陆海统筹，发展海洋经济，加快建设世界一流的海洋港口，推进沿海开放城市、沿海港口群、海洋经济示范区等重点开发开放区域建设。要发挥海洋优势，提升海洋价值，合理开发利用海洋资源，构建完善的海洋产业体系。加快海洋科技创新步伐，提高海洋开发能力，培育壮大海洋战略性产业。要统筹陆海生态环境保护，促进海洋资源有序开发利用，加大对海岸带、沿海滩涂保护和开发管理力度，加强海洋环境污染防治，保护海洋生物多样性，加快建设绿色可持续的海洋生态环境。

三、实施区域协调发展战略

当前，我国的经济已经转向高质量发展阶段，但经济发展不平衡不充分问题仍十分突出。党中央提出西部大开发战略以来，我国的区域发展协调性持续增强，中西部地区经济增速持续高于东部地区，相对差距逐步缩小。但是我国区域发展也面临一些新情况，主要是南北分化凸显，经济增速"南快北慢"、经济份额"南升北降"的态势持续，各板块内部也出现明显分化。发展动力极化现象日益突出，东部沿海发达地区创新要素快速集聚；东北地区、西北地区发展相对滞后，部分区域发展面临较大困难。深入实施区域协调发展战略，要推动西部大开发形成新格局，推动东北振兴取得新突破，促进中部地区加快崛起，鼓励东部地区加快推进现代化。

东部地区要继续发挥改革开放先行、综合创新能力强、现代制造领先、服务业高端等优势，率先带动全国经济现代化，引领我国参与国际竞争。东部地区要加快推进现代化，遵循创新区域高度集聚规律，加快推进北京怀柔、上海张江、安徽合肥等综合性国家科学中心和粤港澳大湾区综合性国家科学中心先行启动区建设，布局建设空间分布上集聚、功能方向上关联的国家重大科技基础设施集群，聚集世界一流人才并开展多学科交叉前沿研究，打造重大原始创新策源地，加快形成国际科技创新中心，推动东部地区率先实现高质量发展，引领带动其他地区加快走上创新驱动发展道路。有序推进东部沿海产业向中西部地区转移，促进东中西、南北方经济协调高质量发展。

中部地区承东启西、连南接北，资源丰富，交通发达，产业基础较好，文化底蕴深厚，发展潜力很大，推动中部地区高质量发展具有全局性意义。中部地区作为全国大市场的重要组成部分和空间枢纽，要找准定位，发挥优势，加快建设现代化基础设施体系和现代流通体系，加快构建以国内大循环为主体、国内国际双循环相互促进的新发展格局，着力构建以先进制造业为支撑的现代产业体系，着力建设绿色发展的美丽中部，着力推动内陆高水平开放，着力改革完善体制机制，促进长江中游城市群和中原城市群发展，全面推进乡村振兴，提升基本公共服务保障水平，积极服务和融入新发展格局。要把创新作为引领发展的第一动力，以科技创新引领产业发展，形成内陆高水平开放新体制。要坚持走绿色低碳发展新路，加强能源资源的节约集约利用，加强生态建设和治理，实现中部绿色崛起。

西部地区要区分不同自然条件和经济发展状况，围绕抓重点、补短板、强弱项，更加注重抓好大保护，从中华民族长远利益考虑，把生态环境保护放到重要位置，坚持走生态优先、绿色发展的新路子。不断提升创新发展能力，支持西部地区在特色优势领域优先布局建设国家级创新平台和大科学装置，加快在西部具备条件的地区创建自主创新示范区、科技成果转移转化示范区等新载体。积极推进东西部科技合作，完善区域科技创新体系，推动区域和跨区域协同创新。细化区域发展政策，促进产业和人口向优势区域集中，形成优势区域重点发展、生态功能区重点保护的新格局。要更加注重抓好大开放，发挥共建"一带一路"的引领带动作用，加快建设内外通道和区域性枢纽，完善基础设施网络，提高对外开放和外向型经济发展水平。要坚持以人民为中心的发展思想，扎实办好民生实事。要瞄准突出问题精准施策，做好剩余贫困人口脱贫工作，因地制宜发展区域特色产业，加快建立防止返贫监测和帮扶机制，加强易地扶贫搬迁后续扶持，多措并举巩固脱贫成果。要做好高校毕业生、农民工、退役军人等重点群体就业工作，多渠道促进就业创业。要加强和创新社会治理，坚持和完善新时代"枫桥经验"，深化扫黑除恶专项斗争。

东北地区是我国重要的工农业基地，维护国家国防安全、粮食安全、生态安全、能源安全、产业安全的战略地位十分重要。东北地区建设现代化经济体系具备很好的基础条件，全面振兴不是把已经衰败的产业和企业硬扶持起来，而是要有效整合资源，主动调整经济结构，加快发展新技术、新业态、新模式，培育经济新增长点，形成新的均衡发展的产业结构。要加强传统制造业技术改造，善于扬长补短，发展新技术、新业态、新模式，培育健康养老、旅游休闲、文化娱乐等新增长点。要促进资源枯竭地区转型发展，加快培育接续替代产业，延长产业链条。要加大创新投入，为产业多元化发展提供新动力。东北地区国有经济比重较高，要以改革为突破口，加快国有企业改革，让老企业焕发新活力。要打造对外开放新前沿，多吸引跨国企业到东北投资。开放方面国家可以给一些政策，但更重要的还是靠东北地区自己转变观念、大胆去闯。要加快转变政府职能，大幅减少政府对资源的直接配置，强化事中事后监管，给市场发育创造条件。要支持和爱护本地和外来企业成长，弘扬优秀企业家精神。东北振兴的关键是人才，要研究更具吸引力的措施，使沈阳、大连、长春、哈尔滨等重要城市成为投资兴业的热土。

持续推进区域协调发展，要把革命老区、民族地区振兴放在更加重要的位置，推动革命老区、民族地区依托特色优势资源，补齐区域协调发展的短板。支持革命老区利用好特色资源，在保护好生态的前提下发展特色优势产业。加强边疆地区建设，推进兴边富民、稳边固边。加快边境重点城镇和口岸建设，使之有一定的人口和经济支撑，增强边疆地区发展能力。要建设一批抵边新村，引导支持边民贴边生产和抵边居住，推动形成以城镇为中心、辐射周边边境地区的守边固边富边强边新格局。

持续推进区域协调发展，解决我国经济与社会发展不平衡问题，要尊重规律、尊重实际，因地制宜、分类指导，承认客观差异，不能搞"一刀切"。要尊重经济规律，从构建新发展格局出发，以完善产权制度和要素市场化配置为重点，加大改革力度，破除资源流动障碍，使市场在资源配置中起决定性作用，促进人口、土地、资金、技术等各类生产要素合理流动和高效聚集。要提高财政、产业、土地、环保、人才等政策的区域精准性和有效性，加强政策之间的统筹联动。要统筹发达地区和欠发达地区发展，坚持"输血"和"造血"相结合，推动欠发达地区发展，建立发达地区与欠发达地区联动机制。要深化区域间基础设施、环保、产业等方面的合作，加强城市群内部城市间的紧密合作，积极探索建立城市群协调治理模式。构建流域基础设施体系，严格流域环境准入标准，加强流域生态环境共建共治，推动上下游地区协调发展。深入开展对口支援，推动新疆、西藏等地区经济社会持续健康发展。进一步深化东部发达省市与东北地区对口合作，建设一批对口合作重点园区。要逐步建立起权责清晰、财力协调、标准合理、保障有力的基本公共服务制度体系和保障机制。加大对欠发达地区的财力支持，增强基本公共服务保障能力。提高公共服务统筹层次，加快实现养老保险全国统筹。推动区域间基本公共服务衔接，加快建立医疗卫生、劳动就业等基本公共服务跨区域流转衔接制度。要运用信息化手段建设便捷高效的公共服务平台，方便全国范围内人员流动。

四、推进以人为核心的新型城镇化

城镇化是国家现代化的必由之路。习近平总书记高度重视新型城镇化工作，明确提出以人为核心、以提高质量为导向的新型城镇化战略，并多次作出重要部署和批示指示。站在全面建成小康社会、开启全面建设社会主义现代化国家新征程的崭新起点，推进以人为核心的新型城镇化具有更为重要的意义，要立足发展基础，顺应发展趋势，破解突出问题，科学谋划未来一段时期的新型城镇化发展路径。

实施城市更新行动，总体目标是建设宜居城市、绿色城市、韧性城市、智慧城市、人文城市，不断提升城市人居环境质量、人民生活质量、城市竞争力，走出一条中国特色城市发展道路。

要完善城市空间结构。统筹城市规划、建设、管理、科学编制城市各类规划，合理确定城市规模、人口密度、空间结构，统筹老城改造和新城新区建设、产业发展和居住功能、地上地下空间开发利用，优化城市开发空间结构和人口分布，维护规划的严肃性和权威性，确保"一张蓝图干到底"。构建以中心城市、都市圈、城市群为主体，大中小城市和小城镇协调发展的城镇格局，充分发挥各城市比较优势，促进城市分工协作，强化大城市对中小城市辐射带动作用，有序疏解特大城市非核心功能。推动区域重大基础设施和公共服务共建共享，建立功能完善、衔接紧密的城市群综合立体交通等现代设施网络体系，提高城市综合承载能力。

推进新型城市基础设施建设。加快推进基于信息化、数字化、智能化的新型城市基础设施建设和改造，全面提升城市建设水平和运行效率。加快推进城市信息模型（CIM）平台建设，打造智慧城市的基础操作平台。实施智能化市政基础设施建设和改造，推进智慧社区建设，实现社区智能化管理。推动智能建造与建筑工业化协同发展，建设建筑产业互联网，推广钢结构装配式等新型建造方式，加快发展"中国建造"。

实施城市生态修复和功能完善工程。坚持以资源环境承载能力为刚性约束条件，建立连续完整的生态基础设施标准和政策体系，完善城市生态系统，保护城市山体自然风貌，修复河湖水系和湿地等水体，加强绿色生态网络建设。补足城市基础设施短板，加强各类生活服务设施建设，增加公共活动空间，推动形成绿色低碳的城市建设运营模式，建设绿色城市。

强化历史文化保护，塑造城市风貌。把文化作为城市的灵魂，统筹做好历史文化保护传承和现代文化培育发展，加大历史文化名胜名城名镇名村保护力度修复山水城传统格局，保护具有历史文化价值的街区、建筑及其影响地段的传统格局和风貌，推进历史文化遗产活化利用。加强城市风貌与建筑形态管理，延续城市文脉，彰显城市精神，建设人文城市。

加强城镇老旧小区改造。要进一步摸清底数，对城区内功能偏离需求、利用效率低下、环境品质不高的存量片区进行更新改造。要合理确定改造内容，科学编制改造规划，有序组织实施。不断健全统筹协调、居民参与、项目推进、长效管理等机制，建立改造资金政府与居民、社会力量合理共担机制，完善项目审批、技术标准、存量资源整合利用、财税金融土地支持等配套政策。

加强城镇居住社区建设。要以安全健康、设施完善、管理有序为目标，因地制宜对居住社区市政配套基础设施、公共服务设施等进行改造和建设。推动物业服务企业大力发展线上线下社区服务服务业，满足居民多样化需求。建立党委领导、政府组织、业主参与、企业服务的居住社区治理机制，推动城市管理进社区，提高物业服务覆盖率。大幅增强城市防洪排涝能力。完善城市堤防、排水管渠、排涝除险、蓄水空间等设施，加强重点防洪城市和大江大河沿岸沿线城市排水设施建设，有序推进海绵城市和韧性城市建设。

提高城市治理水平。城市治理是国家治理体系和治理能力现代化的重要内容，要树立全周期管理理念，针对城市治理中存在的突出问题和风险隐患，加快补齐短板弱项，推动城市治理科学化、精细化、智能化，满足市民多样化需求。加强城市风险防控，推动特大超大城市开展风险自查并制定风险防控实施方案，健全防灾减灾基础设施，提升各类设施平战转换能力，对城市生命线系统、应急救援和物资储备系统等进行超前规划布局，加快完善应急预案体系，提高公共卫生预警救治能力和抵御冲击、应急保障、灾后恢复的能力，显著提升城市韧性。要因城施策实施房地产市场调控，健全长效机制，促进房地产市场平稳健康发展。有效增加保障性住房供应，完善土地出让收入分配机制，探索支持利用集体建设用地按照规划建设租赁住房，完善长租房政策，扩大保障性租赁住房供给，加快建立多主体供给、多渠道保障、租购并举的住房制度，实现全体人民住有居所。完善城市信息基础设施，充分运用新一代信息技术，整合共享公共数据资源，搭建智慧城市运行管理平台，丰富应用场景，建设智慧城市，推进智慧交通、智慧水务、智慧能源、智慧政务等发展，提高城市治理效率。

加快农业转移人口市民化。随着新生代农民工和举家迁移农业转移人口规模的不断增加，要推动农业转移人口在城镇稳业安居，加快农业转移人口市民化。要深化户籍制度改革，以城市存量农业转移人口为重点，不断放宽户籍准入限制，完善差别化落户政策，推动采取积分落户制的城市把居住和社保缴纳年限作为主要积分项。要强化基本公共服务保障，以公办学校为主将农业转移人口随迁子女纳入流入地义务教育保障范围。将非户籍常住人口纳入保障性住房体系，提高农业转移人口住房保障水平。聚焦智能制造、家政服务等用工矛盾突出行业开展大规模职业技能培训，提高农民工就业居住稳定性。要健全农业转移人口市民化机制，完善财政转移支付与农业转移人口市民化挂钩政策，建立财政性建设资金对吸纳落户较多城市的基础设施投资补助机制，建立城镇建设用地年度指标同吸纳农业转移人口落户数量挂钩机制。

推进以县城为重要载体的城镇化建设。县城是县域经济社会发展的中心和城乡融合发展的关键节点，在推动就地城镇化方面具有重要作用。要优化行政区域设置，发挥中心城市和城市群带动作用，提高中心城市和城市群综合承载和资源优化配置能力，形成多中心、多层级、多节点的网络型城市群。要大力推动县城提质增效，加强县城基础设施和公共服务设施建设，改善县城人居环境，提高县城承载能力，更好吸纳农业转移人口。建立健全以县为单元统筹城乡的发展体系、服务体系、治理体系，促进一二三产业融合发展，统筹布局县城、中心镇、行政村基础设施和公共服务设施，建立政府、社会、村民共建共治共享机制。

五、全面推进乡村振兴

乡村振兴是实现中华民族伟大复兴的一项重大任务，要立足新形势新要求，坚持农业农村优先发展，走中国特色社会主义乡村振兴道路。

全面巩固拓展脱贫攻坚成果。习近平总书记强调："脱贫摘帽不是终点，而是新生活、新奋斗的起点。"[①] 要健全防止返贫监测和帮扶机制，确保不发生规模性返贫，对脱贫不稳定户、边缘易致贫户开展常态化监测预警，建立健全快速发现和响应机制。支持脱贫地区发展特色产业，加强劳务协作、职业技能培训，促进脱贫人口持续增收。强化国家乡村振兴重点帮扶县帮扶措施，做好易地搬迁后续扶持，深化东西部协作、定点帮扶和社会力量帮扶，增强脱贫地区自我发展能力。做好易地扶贫搬迁后续帮扶工作，加强就业产业扶持和后续配套设施建设，确保搬迁群众住得下、能融入、可致富。加强扶贫项目资金资产管理和监督，确保公益性资产持续发挥作用、经营性资产不流失或被侵占。推动特色产业可持续发展，注重扶贫产业长期培育，扩大支持对象，延长产业链条，抓好产销衔接。

加强粮食等重要农产品稳产保供。要毫不放松抓好粮食和重要农产品生产供应，严格落实地方粮食安全主体责任，下大力气抓好粮食生产，稳定粮食播种面积，强化田间管理，促进大豆和油料增产。要切实保障农资供应和价格稳定，适当提高稻谷、小麦最低收购价调动农民生产积极性。保障化肥等农资供应和价格稳定，给种粮农民再次发放农资补贴，加大对主产区支持力度，让农民种粮有合理收益、主产区抓粮有内在动力。要采取"长牙齿"的硬措施，落实最严格的耕地保护制度，坚决守住18亿亩耕地红线，划足划实永久基本农田，切实遏制耕地"非农化"、防止"非粮化"。加强中低产田改造，新

---

① 习近平：《在全国脱贫攻坚总结表彰大会上的讲话》，人民出版社2021年版，第20页。

建 1 亿亩高标准农田，新建改造一大批大中型灌区。加大黑土地保护和盐碱地综合利用力度，启动第三次全国土壤普查，加快推进种业振兴，加强农业科技攻关和推广应用，提高农机装备水平。提升农业气象灾害防控和动植物疫病防治能力，加强生猪产能调控，抓好畜禽、水产、蔬菜等生产供应。保障国家粮食安全，各地区都有责任，粮食调入地区更要稳定粮食生产，各方面要共同努力，装满"米袋子"、充实"菜篮子"，把 14 亿多中国人的饭碗牢牢端在自己手中。

扎实稳妥推进农村改革发展。要构建现代农业产业体系、生产体系、经营体系，完善农业支持保护制度，发展多种形式适度规模经营，加快培育农民合作社、家庭农场等新型农业经营主体，健全农业社会化服务体系，通过服务组织将先进适用的品种、技术、装备、设施导入小农户，实现小农户和现代农业发展有机衔接。农业农村现代化要走城乡融合发展之路，强化以工补农、以城带乡、推动工农互促、城乡互补、协调发展、共同繁荣的新型工农城乡关系。要打通城乡要素市场化配置体制机制障碍，推动城乡要素平等交换、双向流动。充分实现乡村资源要素内在价值，挖掘乡村多种功能，改变农村要素单向流出格局，增强农业农村发展活力。巩固和完善农村基本经营制度，深化供销社、集体产权、集体林权、国有林区林场、农垦等改革，完善承包地"三权"分置制度。保持土地承包关系稳定并长久不变，开展好第二轮土地承包到期后再延长 30 年整县试点。深化农村集体产权制度改革，保障农民财产权益，壮大集体经济。促进农村一二三产业融合发展，加强农村金融服务，加快发展乡村产业，支持和鼓励农民就业创业，拓宽增收渠道。

实施乡村建设行动。围绕建设更加宜居的现代乡村，全面改善农村生产生活条件，推动实现城乡居民生活基本设施大体相当。科学推进乡村规划建设，严格规范村庄撤并，综合考虑土地利用、产业发展、居民点布局、生态保护和历史文化传承等因素，适应村庄发展演变规律，科学布局乡村生产生活生态空间，分类推进村庄建设。保护传统村落和乡村风貌，注重保留乡土味道，让乡村望得见山、看得见水、留得住乡愁。要实施村庄基础设施改善工程，完善乡村水、电、路、气、通讯、广播电视、物流等基础设施，健全运营管护长效机制。因地制宜推进农村改厕、生活垃圾处理和污水治理，实施河湖水系综合整治，改善农村人居环境。加强农村基层基础工作，健全自治、法治、德治相结合的乡村治理体系，不断改善农村基础设施和基本公共服务条件。

第八章

社会政策要兜住兜牢民生底线

经济社会发展坚持兜住兜牢民生底线的根本原则，是人民至上的生动写照，是中国经济稳中求进的温暖底色。要始终把"稳就业"放在非常突出的位置上，给劳动者提供稳定的收入来源和参与社会活动的尊严感。要把"老有所养"作为重要的民生底线目标，建立更加公平更可持续的养老保障体系。要破解看病难、看病贵问题，以较低的成本、可靠的质量满足国民的基本医疗需求。要坚持"房住不炒"的根本原则，稳定预期、调节结构，解决大城市住房突出问题。

民生问题从来都是群众最关心的热点问题，直接关系到每个人的切身利益。经济社会发展始终坚持兜住兜牢民生底线的根本原则，是践行以人民为中心的发展思想的具体体现，也是实现共同富裕的基本社会制度保障。2021 年中央经济工作会议明确指出：社会政策要兜住兜牢民生底线。要统筹推进经济发展和民生保障，健全常住地提供基本公共服务制度。解决好高校毕业生等青年就业问题，健全灵活就业劳动用工和社会保障政策。推进基本养老保险全国统筹。推动新的生育政策落地见效，积极应对人口老龄化。

一、助企纾困，通过稳市场主体实现稳就业

就业是第一民生，充足的就业机会能给劳动者提供稳定的收入来源和参与社会活动的尊严感。我国的经济社会政策目标始终把"稳就业"放在非常突出的位置上，就业充分民生才能有保障。

（一）当前稳就业任务尤其艰巨

一段时期内，一个国家的就业与宏观经济形势密切相关。当前，我国宏观经济形势面临需求收缩、供给冲击、预期转弱的三重压力，潜在经济增长潜力释放面临挑战。

需求收缩主要是由于前一阶段比较强劲的市场需求面临调整，而

新的市场需求形成经济增长的主动力尚需要时间积累。前一阶段，房地产是市场需求的重要牵引力量。强劲的房地产购买需求，直接和间接带动了几十个产业的发展。但是，居高不下的城市商品房价格侵蚀了老百姓的消费能力，在金融系统中不断积累风险，大城市住房难问题降低了人民群众的生活幸福感。从 2016 年中央经济工作会议提出"房子是用来住的，不是用来炒的"房地产市场调控总方向后，房地产市场一直强调"房住不炒"的原则。2022 年，房地产需求增长放缓甚至出现拐点的可能性增高，意味着过去由房地产拉动的那部分市场需求出现疲软。另外，出口需求在 2021 年表现强劲，重要原因是新冠肺炎疫情发生后，我国采取的强有力防疫政策保证了新冠肺炎疫情后迅速复工复产，而全球其他国家供应链出现问题。我国成为疫情中全球供应链的"安全岛"。因此，即便出现了国际海运价格飞涨等问题，2021 年我国的出口增长还是非常强劲，成为拉动全年经济增长的重要引擎，出口总额达到 21.7 万亿元，同比增长 21.2%。但是，2022 年全球很多国家开始逐步放开疫情管控政策，供应链的全球布局开始恢复。而中国坚持社会面新冠确诊病例动态清零的防疫政策，在疫情多点散发的情况下供应链的运转面临更多的不确定性。因此，可以预计 2022 年的出口增速大概率会回落，出口需求的拉动作用将下降。供给冲击是由于突发性因素造成的原材料、零备件的供给量不足或者采购成本过高。俄乌战争、中美博弈、新冠肺炎疫情等因素都可能对我国生产端的大宗原料供给造成冲击，进而影响经济增长。预期转弱在供给和需求两方面都有表现，一是供给侧企业对未来经济形势把握不足，投资意愿降低；二是需求侧消费者对未来收入预期降低，消费意愿下降。

与宏观经济形势面临的三重冲击相对应的是 2022 年城镇新增就

业规模巨大，稳就业的目标任务是新增城镇就业 1100 万人以上。其中，高校毕业生总人数首次突破千万大关，达到 1076 万，总量和增量都创下历史新高。而前几年吸纳高校毕业生较多的行业，如互联网产业、教育培训产业受多种因素的影响，都面临比较大的缩减就业岗位的压力。

（二）创新创业潜能巨大

就业机会的创造要依靠创新创业。我国的人均 GDP 刚刚超过 1.2 万美元，仍然处于社会主义初级阶段，投资、消费需求增长空间还很大。围绕扩大国内需求的创新创业潜能巨大。

"十四五"期间是我国从全面建设小康社会转向全面建设社会主义现代化国家新征程的起步阶段，中央提出深入贯彻新发展理念，构建新发展格局，经济社会发展还有很大的投资空间。政府适当扩大基础设施的投资规模，可以有效地带动社会投资和民间投资。基础设施投资的方向包括城市地下管网的改造，医疗、教育、养老等基本公共服务设施投资，围绕科技创新的研发设备和研发平台投资，5G 网络建设投资以及同碳达峰、碳中和目标相关的能源体系投资，等等。这些基础设施投资同传统的"铁公机"（铁路、公路、机场）投资不同，是在新发展阶段能够为经济社会高质量发展提供基础条件和新动能的项目。

中央提出建设国内统一大市场，打通经济循环的堵点和痛点，让潜在消费需求有释放的市场条件。我国目前约有 4 亿中等收入群体，9 亿中低收入群体，消费需求的潜力巨大。要通过提高国民的收入预期、营造消费服务环境等措施让中等收入和中低收入群体想消费、能消费。人民对美好生活的向往是刺激国内消费的最大动能，认识和把握消费需求的变化趋势就能够提高创新创业的成功率。同过去全面建设小康社会时期不同，消费需求更加个性化，消费热点围绕与生命健康、娱乐体验、知识获取和安全保障等相关领域展开。这些新的消费领域，比如生命健康相关的药品、器械、服务等还有很多空白领域，产品和服务质量也有待提高，创新创业的投资空间还很大。

（三）稳就业的具体措施

1.通过帮扶中小微企业来创造更多就业岗位。企业是市场经济活动的主体，也是创造就业岗位的提供者。占企业总数 90% 以上的中小微企业规模虽小，但提供了 80% 以上的城镇就业岗位，是稳就业的重要基础。中小微企业稳，就业才能稳。中小微企业抗风险能力普遍较为脆弱，一笔房租、一张订单，都可能决定中小微企业的生死。一方面，宏观经济形势的三重压力会给中小微企业发展造成一定的经营困难；另一方面，创新创业的巨大潜力为中小微企业的发展提供了机遇。因此，2022 年稳就业的政策措施重点是帮助企业克服外部环境带来的短期经营困难，降低企业经营的成本，支持企业走创新驱动的高质量发展之路。

从疫情以来支持中小微企业发展的政策措施实施效果看，减税降费是最有效的措施。要采取更大力度、更加精准的减税降费政策，帮助中小微企业在宏观经济形势的冲击压力下，不休克、能发展。让减税降费的实惠更多地被中小微企业享受到，同时，通过研发费用的税前加计扣除引导中小微企业特别是科技型中小微企业加大研发投入，提高自主创新能力。

2.把稳定就业岗位和创造新的就业岗位结合起来。挑战和机遇并存，是事物发展不变的规律。新阶段，人们消费需求面临升级，但对美好生活的向往没有变。新的消费需求、新的技术应用、新的产业发展为就业提供新的机会和可能。数字经济、健康服务、5G 网络、在线教育、在线娱乐等领域不断创造出新的就业岗位。要综合运用财政、金融等政策措施，为新产业、新业态的发展提供更为有利的外部环境。一方面，在工商登记、税费减免、创业贷款、房租补贴等方面出台鼓励创业的优惠政策，降低创业的门槛；另一方面，政府通过创业服务指导中心、行业协会、中介服务机构等平台为创业者提供更加全面、周到和专业的就业信息服务，提高创业的成功率。

3. 把就近就业和跨区域就业结合起来。疫情防控常态化期间，降低农民工灵活就业的门槛，解决返乡留乡农民工就业中的实际困难。切实解决农民工跨区域就业的困难，在交通、住宿、防疫等方面细化对农民工的管理和帮扶，让农民工外出务工安全、方便、生活成本低。

4. 把短期纾困帮扶与长期高质量发展结合起来。采取及时有力的短期系列政策措施拓宽就业渠道、挖掘就业潜力，千方百计保就业。比如，采取鼓励企业和事业单位增加就业岗位，增加专升本、硕士研究生招生规模，扩大高校毕业生参军入伍规模，引导高校毕业生到基层就业，鼓励企业增加毕业生见习岗位等举措保证当年的高校毕业生能顺利找到工作。但长远来看，要根本解决高校毕业生和农民工的就业难问题必须将就业工作同经济社会高质量发展统筹起来，通过不断提高劳动者素质，让教育培训不断适应就业岗位对劳动者能力的要求，真正使得我国丰富的人力资源转变为创造社会财富的动力来源。经济高质量发展要求高质量的人力资源供给，就业难不仅是就业总量扩容难，更重要的就业结构跟不上经济结构调整的速度。近年来，我国技工求人倍率一直维持在 1.5 以上，也就是说每个技术工人有 1.5 个用工需求，长期处于供不应求的状态。长期看，就业工作中要更加重视教育培训，特别是切合就业岗位需要的技能培训和符合技术革命潮流趋势的数字化技能培训。

2022 年，完成就业任务的压力前所未有，但是我国经济体量大，发展韧劲十足，回旋余地大，就业形势总体平稳。只要抓住经济发展的战略机遇，统筹协调保障就业的各项政策措施，我国完全有能力对冲宏观经济形势的三重压力，克服全球外部环境变化的不确定性，在更高水平上实现稳就业的政策目标。

二、老有所养，建立更加公平更可持续的养老保障体系

根据第七次全国人口普查的数据，我国 60 岁及以上人口达到 26402 万人，在总人口中占比 18.70%，其中 65 岁及以上人口达到 19064 万人，占比 13.50%。按照国际通行的人口老龄化划分标准，当一个国家或地区 65 岁及以上人口占比超过 7% 时，意味着进入老龄化；达到 14%，为深度老龄化。我国从 2000 年进入老龄化社会，"十四五"期间会进入深度老龄化社会。从国际比较来看，中国老龄化明显快于其他发达经济体以及世界平均水平。老有所养，成为重要的民生底线目标。

20 世纪 80 年代，社会化养老保障制度改革起步，经过几十年的探索和发展，我国已经建成了保障人群全覆盖的世界上最大的养老保障体系，城镇职工、城乡居民都有相应的养老保险制度覆盖，人人享有养老保障成为现实。同时，养老保障体系的完善还面临一系列的问

题和挑战，一是基本养老保障的公平性不足，城乡之间、地区之间、行业之间的养老保障水平差异还比较大；二是养老保障体系的发育还不均衡，社会基本养老保险一支独大，补充养老保险和商业养老保险发展不充分；三是基本养老金的财务可持续性面临挑战，一些老龄化程度更高的地区出现养老金的缴纳和支出中"收不抵支"情况，需要财政资金持续补充；四是养老服务发展滞后，社会化养老机构数量不足，质量不高。

（一）推进基本养老保险全国统筹

基本养老保险是政府主导的由个人和单位缴费、由政府专门机构管理的社会化养老保险。基本养老保险制度也是"老有所养"最基础、最重要的民生制度安排。这一制度从 20 世纪 90 年代起步，最初的制度安排是地方性的，养老保险基金的统筹层次由县级逐步过渡到市级、省级。2020 年，全国 31 个省（自治区、直辖市）都实现了基本养老保险基金的省级统收统支，解决了省内各地区养老保险筹资能力和负担责任不均衡的问题。2022 年，我国启动企业职工基本养老保险全国统筹，这标志着养老保障向着更加公平更可持续迈出坚定步伐。

这一次的基本养老保险全国统筹，是对各个省（自治区、直辖市）的基本养老保险基金收支情况做全国范围内的统筹协调，缴费标准和养老金发放标准仍然延续各地的原有标准。对参加城镇职工基本养老保险的个人和单位来说变化不大，但对于各地区的基本养老基金管理来说影响深远。

1.基本养老保险全国统筹可以在更高层次调节保险资金的收支余缺。我国城镇职工的基本养老保险在制度设计上采取的是现收现付的资金管理制度，即用当年收缴的在职职工的养老保险金来支付退休人员的养老金。现收现付制度的可持续性首先取决于抚养比，即在职职工和退休人员人数的比例关系。在我国人口老龄化不断深化的背景下，在职职工和退休人员的抚养比降低，意味着在养老保险金发放标准不降低的约束条件下，基本养老金的支出增加，收入降低，可能出现基金发放的缺口。从全国层面看，目前我国基本养老金仍然处于收入大于支出的安全区间。人力资源社会保障部发布数据显示，截至2021年底，全国城镇基本养老参保人数为4.8亿，全年基金总收入6.0万亿元，总支出5.65万亿元。但是，地区间的负担很不平衡。由于我国区域经济发展的不平衡，改革开放40多年来，大量的劳动力从中西部和东北地区向东南沿海流动，东部沿海地区的青壮年劳动力多，缴费人口多，而中西部和东北地区缴费人口少，领取退休金的人口多。其结果是地区间的基本养老保险的资金负担不平衡，东部沿海地区养老保险基金收入超过支出，产生大量结余，而中西部和东北大部分地区则是支出大于收入。这样的不平衡呈现出越是经济欠发达的地区养老保险基金负担越重的逆向调节效果，地方政府很难靠自身能力实现兜底。因此，基本养老保险基金的全国统筹一直是我国社会保险制度完善的重要目标。

2.有利于降低基本养老保险实际缴费率。我国的基本养老保险制度是普惠于民的重要民生制度。缴费率的设计一方面关系到养老金的发放标准，影响退休人员的养老待遇水平；另一方面也关系到企业的生产经营成本，过高的缴费率会增加企业的负担，影响企业创造更多就业岗位的积极性。通过基本养老保险基金的全国统筹，可以在更大范围内实现保险的"大数法则"，即保险服务的参保人员越多，对风险的抵御能力越强，相应的保险费率越低。

3.有利于基本养老保险结余资金的保值增值。基本养老保险基金是老百姓的"幸福钱"，关系到退休人员的生活待遇。对基本养老保险结余资金，必须在保证资金安全的条件下做好资金的投资管理。实现全国统筹后，就可以用更加专业的投资团队，选择与国民经济长期健康发展相关的，更加稳妥的大项目进行投资，既保证资金安全也能获得相对丰厚的投资回报。

4.有利于参保人员在地区间的流动。全国统筹后，跨区域的参保转移接续手续更加便捷，减少因工作地点变动导致的退保、断保情况，简化人员流动时养老关系转移接续手续，也有利于提高基金的管理效率。

基本养老保险全国统筹的推进从职工基本养老保险开始启动，未来会进一步延伸到城乡居民的基本养老保险的全国统筹，让基本养老保障作为基本公共服务的重要组成部分逐步实现均等化，也让共同富裕的社会发展目标在养老保障领域有坚实可靠的制度保障。

全国统筹的工作启动后，在实施阶段还面临一些问题和挑战，需要在实践中不断探索，找到符合我国实际情况的制度安排和发展模式。首先是全国统筹后，基本养老保险基金财务可持续的压力从地方上升到中央。需要通盘考虑用什么样的制度安排来保障基本养老金不出现缺口。从世界其他迈入老龄化的国家的实践情况看，人口老龄化程度越高，政府主导的养老保险基金压力越大，存在出现资金缺口的风险。要解决这一挑战，需要多管齐下，多措并举。最有效的措施是适当延长退休年龄，这样就增加了缴费人口，减少了领取养老金的人数。当然，延长退休年龄的制度必须综合考虑对青年人就业的挤出效应、老年人的工作意愿、社会就业岗位的供应能力等多方面的因素。同时，还要考虑拓宽基本养老金的资金来源，除在职职工缴费外，通过划转部分国有资本充实基本养老金等也正在探索。其次是全国统筹后，如何压实地方的基本养老金收缴责任。在执行基本养老金地方统筹时，资金的收支平衡责任在地方，地方就有积极性把职工和企业应缴纳的养老金收缴到位。全国统筹后，基金财务平衡的责任上移到中央，地方收缴责任必须要压实。一方面，要从管理体系上保障责任压实，通过垂直管理来强化管理；另一方面，要依靠现代化的管理手段，通过大数据、区块链等数字经济技术来管理。再次是全国统筹后，下一步如何逐步缩小养老金发放标准的地区差异，向着更加公正的制度完善方向发展。基本养老金的待遇不可能是完全相同的，待遇高低同缴费年限、缴费标准等相关，体现权利和责任相统一的社会保险原则。但是，地区间由于经济发展水平和财政补贴能力的不同而产生的待遇差距要统筹考虑，逐步缩小其差距。

（二）发展多支柱的养老保险体系

为了应对全球老龄化危机，2005年底世界银行研究报告《21世纪的老年收入保障——养老金制度改革国际比较》中指出，随着人口老龄化的发展，完全由政府主导的社会养老保险不足以保障老年人的晚年生活。报告建议扩大养老保障的资金来源，联合政府、社会和个人的力量建立"五支柱"的养老保障筹资制度：以国家税收为支撑，不需要缴费的"零支柱"，提供最低水平保障；与本人收入水平挂钩的缴费型"第一支柱"；不同形式的个人储蓄账户性质的强制性"第二支柱"；灵活多样的雇主发起的自愿性"第三支柱"；建立家庭成员之间或代际之间非正规保障形式的所谓"第四支柱"。

我国在养老保障制度的发展过程中，根据我国经济社会发展的实际情况，提出建立多层次的养老保险体系。我国的养老保险体系包括了三大支柱：第一支柱也是最重要的支柱，是基本养老保险；第二支柱是企业年金和职业年金；第三支柱是个人自愿参加的个人养老金制度。

2022 年 4 月，国务院办公厅正式印发《关于推动个人养老金发展的意见》（以下简称《意见》），对个人养老金发展作出了部署。根据《意见》中推动个人养老金发展的要求看，它具有三大特征：政府政策支持、个人自愿参加和市场化运营。政府政策支持主要体现在税收优惠上，个人每年缴纳个人养老金的上限为 12000 元，个人养老金可以享受个人所得税优惠。个人自愿参加的特征有别于基本养老保险的强制参保，也就是说个人养老金制度中，个人可以根据自己的意愿和参保能力决定是否参加以及每年缴纳的金额。市场化运营是指对个人养老金建立个人账户，实行完全积累制的资金管理办法，个人账户内的资金可以购买符合个人养老金管理规定的银行理财、储蓄存款、商业养老保险、公募基金等金融产品，实现资金的保值增值。参保人员退休后其个人账户内的资金转入本人社会保障卡银行账户，可以选择按月、分次或者一次性领取个人养老金。

个人养老金制度的建立进一步完善了我国的养老保障体系，是多支柱多层次养老保障体系的重要补充。从第一支柱基本养老保险的发展看，未来提高养老保障待遇的空间有限。从世界各国的发展经验看，政府主导的强制性社会保险要在保险费率和退休待遇上寻找平衡。一方面，基本养老保险是现收现付制，是年轻人缴费来供养退休人员。缴费率太高，在职人员的缴费负担重，企业负担重，不利于就业市场创造更多工作岗位。另一方面，灵活就业人员和自雇佣者在就业大军中的占比越来越大，缴费率太高也不利于这部分人参加基本养老。世界各国的社会化养老保险替代率，即养老金相当于在职工作时收入的比率，大约在 35% 左右。我国的城镇职工养老保险的退休待遇标准要远高于这个比率。当然，在其他养老保障制度发育还不完善的情况下，基本养老金制度必须承担起养老保障的兜底责任，替代率高一些是必然的，并且养老金每年还要根据国民经济增长情况和物价水平来提高。所以，如果个人养老金制度建立起来，不断发展壮大，就能够减轻基本养老金制度的压力，让降低社会养老保险缴费率有更大的政策回旋余地。

个人养老金制度在建立后能否顺利发展，关键在于市场化运作效率如何。这一制度设计中提出自愿参保，政府的政策支持主要体现在个人所得税的优惠上。那么，人们的参保意愿主要取决于税收优惠敏感性和个人账户的增值能力。在国务院发布的《意见》中对税收优惠如何实施没有做具体的规定，还需要后续出台具体的措施。但是，可以预计高收入群体缴纳个人所得税多，对税收优惠政策更加敏感，中低收入群体本身缴纳个人所得税不多，很可能导致参保积极性不高。因此，要考虑如何调动中低收入群体的参保积极性，让个人养老金制度能够成为普惠的社会政策，让更多人受益。个人账户的增值能力问题更为严峻。我国的资本市场还不够发达，金融产品的增值能力甚至是保值能力参差不齐。个人养老金必须要开发出更多的高质量的金融产品，让参保人可以根据自己的风险偏好实现资金增值。否则，个人账户的资金增值幅度不大，提取还受到限制，只能在符合退休标准后支取，那么群众的参保意愿也会不强。

（三）发展城乡养老服务

实现"老有所养"，发展养老服务和筹措养老基金同等重要，甚至从老年人的获得感、幸福感、安全感上看，服务比资金更重要。我国城乡养老服务在老龄化、少子化、家庭规模小型化、人口流动加速化的背景下面临从家庭养老服务向社区养老、社会养老转型的挑战。

根据国家统计局的数据，截至 2021 年底，全国共有养老机构 4 万个，养老服务床位 813.5 万张。80 岁以上高龄老年人口数量接近 4000 万，相当数量的高龄老年人需要护理和照顾。养老服务机构在数量和质量上同老年人的服务需求相比，还有很大的差距。

发展城乡养老服务需要从我国的经济社会发展水平出发，充分考虑传统文化影响下的老年人服务需求，走有中国特色的养老服务之路。

1. 优先发展社区居家养老服务。我国的传统文化中重视家庭亲情，强调孝道，老年人最愿意选择居家养老。在家庭规模小型化，城市生活节奏快的背景下，儿孙辈要照顾好老人确实存在力不能及的一些具体困难。城乡养老服务体系建设要下力气发展家庭养老和社会养老相结合的社区养老模式，让老年人可以居家养老的同时享受社区服务，在医疗保健、餐饮服务、交流陪伴等方面为老年人提供更多的服务。

2. 壮大专业养老人才队伍。我国的专业养老人才特别是护理人员缺口很大。专业的医疗护理人才、老年服务的社会工作人才、老年事业的管理人才都有很强的市场需求。在大学的专业设置、人才的职业技能认证、职业化道路设计等环节要有具体的举措。同时，要提高老年服务人才的工作报酬和社会地位，让更多的年轻人愿意投身到这一领域。

3. 加快提升老年服务体系的智能化水平。在人口老龄化的社会中，单纯依靠青年人来服务老年人成本很高，解决老年服务的最终出路一定是人＋机器。比如，为解决老年人的陪伴问题，有公司开发出能够和老年人聊天和交流的 APP。再比如，为解决独居老人的安全问题，有公司研发了可以捕捉老年人动作的摄像头，它可以及时发现老年人摔倒等异常动作，通知到亲人或者医疗机构。老年服务的智能化发展方向前景广阔。

4. 推动"时间银行"等老年人互帮互助的新型养老服务模式。我国传统文化中有"远亲不如近邻"、"守望相助"等互帮互助的优良传统。60—70岁的老年人，常常被称为活跃期的老年人。他们的身体情况和心理状态都很好，而且有充裕的时间和丰富的社会经验，更为重要的是他们对其他老年人的服务需求非常了解，可以感同身受。因此，组织动员活跃期的老年人参加到老年服务体系中来，提供力所能及、发挥个人专长的服务项目，这是低成本高质量的服务模式。目前，全国不少地区已经在试点"时间银行"，老年人在身体条件许可的情况下自愿参加养老服务，把帮助别人的时间"储蓄"起来，由时间银行的组织机构登记管理。未来，当自己年龄大了，需要别人的服务时，可以直接用"时间银行"中登记的服务时间来换取服务。从试点的效果来看，这种互助式的服务模式很受老年人的欢迎，满意度很高。

三、"三医联动"破解看病难、看病贵

医疗保障体系是非常复杂的系统，不仅仅是筹资的问题，要依靠三个系统的协调运作，即医疗费用筹措系统（解决有钱看病的问题）、医疗服务提供系统（解决有钱能看好病的问题）、药品供应系统（解决有药能治好病的问题），三者缺一不可。

以公立医院改革为重点系统推进医疗改革。中国的医疗改革要走

"广覆盖、低成本、可持续"的道路，就必须以较低的成本、可靠的质量满足国民的基本医疗需求。其中，公立医院改革是重中之重，直接决定了改革的成败。公立医院改革关键是要坚持医院的公益性，让医院失去不合理增加医疗费用支出的动力，转而把关注点放在控制成本和提高服务质量上。而要实现医院、医生激励机制的转变，光靠职业道德教育不行，需要建立长效的激励制度，保证好医生有好待遇。让医生的收入阳光化，能够反映出医生的价值，同时加强监管，对违规行为严格查处。同时，调整医疗资源布局，加大对基层医疗机构和农村医疗机构的投入，建立不同级别医疗机构间的双向转诊。

在筹资机制上，加快推进医保的建设。目前，我国已经建成覆盖全民的医疗保险网络，城镇职工、城乡居民、"一老一小"（老年人、学生和婴幼儿）都可以非常方便地参加医疗保险，参保缴费标准也不高。2022 年，国家进一步提高了城乡居民医疗保险的财政补贴标准，让住院医疗保险的比例进一步提高，同时慢性病、常见病的门诊报销覆盖面更大。可以说，覆盖全面的医疗保险在很大程度上解决了"看病贵"的问题，让因病致贫、因病返贫的问题得到破解。下一步的改革要解决医疗费用比较高的重大疾病的补充保险制度建设问题，让得重病的患者和家庭的负担可以更低。

在药品和医疗器械设备供应机制上，降低成本和提高质量双措并举。一是通过医保局组织的药品集中带量采购降低采购成本。集中带量采购是医保局出面组织同制药企业的谈判，以大规模采购的方式来降低供货价格，同时承诺相应的采购数量。集中带量采购的原则是带量采购、量价挂钩、招采合一。这样的集中采购，在保证制药企业获得合理利润的同时让利于民，避免了过去由于采购环节过多，信息不对称产生的不合理加价。二是通过鼓励药品和医疗器械的科技创新，实现医疗卫生领域的科技自立自强。目前，在医疗领域，高质量的药品、医疗器械和检测设备很多还是进口的。保障人民的生命健康，提高药品和医疗器械设备的国产化率是非常重要的。人民群众对医疗健康的需求很旺盛，而且会有越来越高质量的要求，需要在供给侧发力，产生更多的科技创新成果，通过产业化的应用将创新成果转化为高质量的药品和医疗器械。

四、"房住不炒"破解大城市住房突出问题

大城市住房的突出问题究其根源是在城镇化加速的过程中，住房供给跟不上需求增长的速度，导致供不应求，推高房价。同时，由于大城市房价较长时期保持快速增长，刺激了居民的投资和投机需求。因此，大城市住房问题既有供给侧的供给不足问题也有需求侧的需求结构不合理问题。要解决大城市的住房突出问题，必须坚持"房住不炒"的根本原则，通过限价限购限贷等政策引导购房需求，挤出投机泡沫；必须通过增加土地供应等措施增加大城市住房特别是租房市场的供给侧管理，逐步解决住房保障问题。

（一）稳定大城市房价升值预期

大城市的土地供应是有限的，长期来看大城市房价大幅度下跌的可能性不大。2022年的宏观经济形势决定了房价不可能延续前几年那样的快速上涨。目前房价面临的不确定因素是为了稳增长，房贷政策和限购政策会有多大的放松幅度。政策调控的目标是稳定房价的升值预期，既不能把房地产行业"妖魔化"，急刹车，导致房

地产"硬着陆";也不能让政策的口子大开,刺激房地产投机需求继续膨胀。

从政策选择上看,首付比例和贷款利息等银行信贷政策可以根据各地的实际情况适当放松,为自住型的刚性需求打开空间,有利于房地产市场的发展。对提高投机成本的二手房限售时间、房地产税试点等工作还要继续推进。通过提高购买商品房的投资成本和持有成本,让炒房行为变得无利可图。短期来看,通过设置新购商品房 2—5 年内不得上市交易,可以提高持有成本。长期来看,还是要通过征收房产税,特别是对拥有多套住房和大面积住房的家庭征收房产税来提高住房的持有成本,减少投资和投机的冲动。

(二)调整结构完善大城市住房供给体系

1.要通过"人地适配"调整房地产土地供应。大城市的住房供应总量不足,主要瓶颈在于土地供应。土地供应不足一方面是因为大城市的土地稀缺,供应的绝对量不足;另一方面是由于土地市场供给存在与人口情况错配的现象。"人地适配"需要解决好三个方面的配置问题:一是城市和乡村之间的人地适配。在城镇化快速推进的过程中,大量人口从乡村转移到城市,大城市的建设用地增长幅度应该与人口增长的速度相协调。二是不同地区之间的人地适配。经济发达地区、活跃的都市圈是人口迁移的热点地区,建设用地要有所倾斜,在原有核心城区土地供给潜力有限的情况下,要通过地铁、轻轨、高铁、城市快轨等交通运输条件的改善,扩大城市的空间布局,通过都市圈的建设为大城市的建设用地创造条件。比如,在粤港澳大湾区,通过广州连通佛山的广佛地铁建设将相邻的大城市连接起来,扩大了建设用地的供给范围。三是大城市内部的住宅用地、工业用地和商业用地的平衡。美国大城市的居住用地达到 45% 左右，而我国大城市的居住用地平均不足 35%，差距还很大。

2. 要通过"租售并举"调整房地产住房供应。在 1998 年住房制度改革之前，城市居民绝大部分通过福利房、公租房解决住房问题。随着住房制度改革的推进，房地产行业获得大发展，越来越多的城市居民通过购买住房解决安居乐业的需求。在中国的传统文化中，"居者有其屋"是根深蒂固的理念，老百姓哪怕是节衣缩食也希望能够拥有属于自己的住房。但是，从全世界解决大城市住房问题的经验看，大城市的土地供应跟不上人口增长的速度和改善住房的需求是普遍现象，完全通过购买商品房解决住房问题就需要有比较高的购买能力。所以，"租售并举"的房地产住房供应体系，是解决大城市住房突出问题的关键之举。对于一部分购买能力强，支付压力不大的群体，可以购买商品房；对于一部分收入低，或者暂时购买能力不足的群体，可以通过租赁住房解决问题。

（三）切实增加保障性租赁住房

保障性租赁住房是大城市住房保障体系的重要组成部分。从现实需求看，新就业大学生、非户籍常住人口、农民工等新市民群体短期或长期存在住房支付能力不足的问题，有必要通过保障性租赁住房解决住房困难。首先，各地要高度重视保障性租赁住房体系的建设，在土地供应、建设资金、后期维护费用和准入法规建设等方面给予特殊支持，让保障性租赁住房在大城市住房体系中的比重尽快扩大。其次，要严格限制申请人的资质、工作年限、户口所在区域等条件，让保障性租赁住房真正覆盖到低收入的青年人和新市民群体，保证制度设计的公平性。要考虑承租人未来收入提高，支付能力增强后退出保障性租赁住房的激励措施，让租赁住房流动起来，真正保障到有需要的人群。再次，要统筹考虑土地供应能力和公共服务、基础设施建设条件，不能让保障性租赁住房都集中到交通不便、公共设施不健全、公共服务质量差的远郊地区。租住保障性租赁住房的年轻人和新市民是大城市产业发展和城市建设的生力军，他们应该得到大城市的"善待"，这有利于大城市保持对年轻群体的吸引力，也是大城市的勃勃生机所在。

第九章

科技政策要扎实落地

科学技术是社会生产力中最活跃的决定性因素，一个国家和民族的科技创新能力，从根本上影响甚至决定着国家和民族的前途命运。党的十八大以来，党中央系统布局和整体推进科技体制改革，科技领域基础性制度基本确立，一些重要领域和关键环节改革取得了实质性进展。"十四五"期间，要坚定不移贯彻实施创新驱动发展战略，充分发挥国家战略科技力量的引领作用，充分发挥企业在科技创新中的主体作用，深化科技体制改革，助推科技政策扎实落地。

2021 年中央经济工作会议对 2022 年经济工作进行战略部署，特别强调，科技政策要扎实落地。要实施科技体制改革三年行动方案，制定实施基础研究十年规划。强化国家战略科技力量，发挥好国家实验室作用，重组全国重点实验室，推进科研院所改革。强化企业创新主体地位，深化产学研结合。完善优化科技创新生态，形成扎实的科研作风。继续开展国际科技合作。

一、推动科技政策扎实落地的时代背景

创新是引领发展的第一动力，科学技术是第一生产力，科技兴则民族兴，科技强则国家强。科学技术是社会生产力中最活跃的决定性因素，人类历史发展的进程特别是近代以来世界发展的历程都已经清楚地表明，一个国家和民族的科技创新能力，从根本上影响甚至决定着国家和民族的前途命运。当今世界，百年未有之大变局正在加速演进，科技创新成为大国战略博弈的主要战场，围绕科技制高点的竞争空前激烈，在中美博弈中尤其突出。实现"两个一百年"奋斗目标，建成社会主义现代化强国，实现中华民族伟大复兴，没有经济、军事、文化的强大，是难以想象的，而科技的强大是国家强大的战略基础支撑。因此，党的十八大以来，以习近平同志为核心的党中央提出坚定不移贯彻实施科教兴国战略、人才强国战略和创新驱动发展战略，充

分发挥科技创新的支撑引领作用，无论从理论逻辑、历史逻辑还是现实逻辑的维度考虑，都是新发展阶段的必然选择。

党的十八大以来，党中央系统布局和整体推进科技体制改革。科技领域基础性制度基本确立，相继制定出台了《中共中央国务院关于深化体制机制改革加快实施创新驱动发展战略的若干意见》《深化科技体制改革实施方案》《国家创新驱动发展战略纲要》等重要文件。科技体制改革领域覆盖管理体制、资源配置、科技评价、产学研合作、知识产权保护、成果转化、科技金融、人才培养、国际科技合作等方面，一些重要领域和关键环节改革取得实质性进展，啃下了不少硬骨头，在国家实验室建设、基础研究、作风学风建设等改革方面取得了重大突破。

但是，同新形势新要求相比，我国科技体制仍存在一些突出短板，一些深层次体制机制障碍还没有根本破除，科技投入产出效益不高，战略科技力量统筹不够，科研生态和作风学风建设有待加强，科技政策落实落地还不到位，创新主体的活力尚未充分释放。

2021年11月24日，中央全面深化改革委员会第二十二次会议审议通过了《科技体制改革三年攻坚方案（2021—2023年）》。会议强调，要强化国家战略科技力量，发挥党和国家作为重大科技创新领导者、组织者的作用，构建关键核心技术攻关的高效组织体系，建立使命驱动、任务导向的国家实验室体系，布局建设基础学科研究中心，改革创新重大科技项目立项和组织管理方式，加强体系化竞争力量。要优化科技力量结构，发挥企业在科技创新中的主体作用，推动形成科技、产业、金融良性循环，加速推进科技成果转化应用。要完善科技人才培养、使用、评价、服务、支持、激励等体制机制，加快建设国家战略人才力量，在履行国家使命中成就人才、激发主体活力。要以更大勇气加快转变政府科技管理职能，坚持抓战略、抓改革、抓规划、抓服务的定位，强化规划政策引导，加强对重大科研项目的领导和指导，为企业提供更加精准的指导和服务。要根据任务需要和工作实际向科研单位和科研人员充分授权，建立责任制，立"军令状"，做到有责任、有管理、有监管，用不好授权、履责不到位的要问责，保证下放的权限接得住、用得好。

二、统筹联动，加强国家战略科技力量建设

世界科技强国竞争，比拼的是国家战略科技力量。国家战略科技力量体现国家意志、服务国家需求、代表国家科技创新的最高水平，是国家创新体系的中流砥柱，是在国家需要的任何时候，能够冲得出、用得上的战略方面军，是国家科技攻坚的"定海神针"。实施创新驱动发展战略，国家战略科技力量必须能够发挥引领作用。

国家实验室、国家科研机构、高水平研究型大学、科技领军企业都是国家战略科技力量的重要组成部分。这几支力量互为补充又各有侧重，共同构成国家创新能力体系。有的着重解决科学问题，重在发现问题、科学解释；有的着重解决技术问题，重在发挥科技的倍增、颠覆、黏合作用；有的着重解决工程问题，重在快速实现先进技术和成果的优先使用。国家战略科技力量不是限定某个单位和个人，是不是国家战略科技力量，关键要看干不干国家战略层面的事情，有没有召之能战、战之能胜的能力，能不能解决战略性的重大科技问题。

加强国家战略科技力量建设，要在国家创新体系大背景下系统

谋划，使各支力量各就其位、统筹联动。一是在学科领域、任务实施、资源配置等方面加强统筹，协同建设以国家实验室为核心、全国重点实验室为支撑的中国特色国家实验室体系。二是发挥好高校和科研院所作用，推进科研院所、高等院校和企业科研力量优化配置，培育更多创新型领军企业，支持领军企业组建创新联合体。三是打造一批具有国际竞争力的区域创新高地。加快建设北京、上海、粤港澳大湾区等具有全球影响力的国际科技创新中心和成渝等全国科技创新中心，发挥国家自创区和高新区在高质量发展中的动力引擎和辐射带动作用。

（一）加强国家实验室建设

国家实验室在国家战略科技力量中，具有举足轻重的核心和引领性地位，是国家战略科技力量的"牛鼻子"。国家实验室是大科学时代的科研组织模式，是加快科技强国建设的发展必然。纵观全球，国家实验室已成为主要发达国家抢占科技创新制高点的重要载体，诸如美国阿贡、洛斯阿拉莫斯、劳伦斯伯克利等国家实验室和德国亥姆霍兹研究中心等，均是围绕国家使命，依靠跨学科、大协作和高强度支持开展协同创新的研究基地。因此我国国家实验室必须是能够体现国家意志、实现国家使命、代表国家水平的战略科技力量，是面向国际科技竞争的创新基础平台，是保障国家安全的核心支撑，是突破型、引领型、平台型一体化的大型综合性研究基地。围绕国家战略、对标世界一流，如何建设好、运行好、发挥好国家实验室的作用，直接决定着我国深化科技体制改革和实施创新驱动发展战略的成效。

考虑到国家实验室的使命担当，中央政府和地方政府应给予国家实验室持续稳定经费支持。可采用定向择优或直接委托方式，组织国家实验室开展以国家需求目标为导向的科技攻关任务；也可依托国家实验室组建一体化论证设计国家科技重大专项、重大项目等，发挥国家实验室在承担重大科研任务中的建制化优势；同时在产业"卡脖子"、关键共性技术领域，引导企业和社会资本投入国家实验室研发工作。实验室应建立以目标定任务、以任务配资源的经费"包干制"和基于信任的科学家负责制，引导科研人员专心致研。建立灵活的人才聘用机制，探索核心、基地、网络机构的科研人员双聘制，强化人才流动与协同；面向全球招聘高水平人才，设立国际访学专家岗位，向国外有序开放研究试验平台，加强国际交流与合作。

（二）制定实施基础研究十年规划

基础研究是整个科学体系的源头。制定基础研究十年规划，就是要把基础研究摆在更加重要的位置，做好总体设计，同时按照基础研究的规律，强化战略部署。基础研究要奔着真正的问题去，而不是奔着容易出成果、容易出名去。在研究内容上，我们既要鼓励好奇心驱动的自由探索，更要强调目标导向下的问题导向，要从经济社会发展和国家安全中凝练科学问题，以科学规律、科学原理、科学方法的发现、总结、驾驭支撑高质量发展；在研究方法上，逻辑起点是提出真正的基础研究问题，这是基础研究是否具有重大战略意义、能否成功的前提；在评价标准上，要把是否具有原创性作为根本标准，统筹考虑科学价值、构建现代经济体系、社会发展、国家安全等多方面衡量因素。

一是统筹布局国家科技计划基础研究体系，聚焦国家重大战略需求和产业发展中的关键瓶颈，强化应用导向的基础研究，完善共性基础技术供给体系。二是培养造就世界一流的基础研究人才队伍，造就世界级科学家和领军人才，支持培养青年科学家和后备力量，推动学科交叉融合和跨学科研究，布局建设一批基础学科研究中心。三是加大基础研究投入，提高基础研究经费占全社会研发经费的比重。推动中央财政投入持续增长，引导企业和金融机构以适当方式加大支持，鼓励社会以捐赠和建立基金等方式多渠道投入。四是营造有利于基础研究的生态环境，改革基础研究评价、选题机制和激励制度，强化基础研究的原创导向和对应用科学的支撑引领作用。赋予科研人员更大的人财物支配权和学术自主权，为科研人员心无旁骛、潜心研究提供更好服务。

（三）加强科研队伍建设为强化国家战略科技力量提供人才保障

加强科研队伍建设，首先是要用好科学家。基础研究引领和支撑科技创新，而科学家是基础研究的主要贡献者。基础研究要瞄准或者聚焦科学问题。科学研究总是从问题开始，科学地提出问题是科学地解决问题的根本前提。如果提不出真正有意义的科学问题，就不可能有理论和方法的创新，更不会产生重大的科学成果。因此，加强基础研究，要鼓励科学家从真正的科学问题出发，形成原创课题，提出新理论，开辟新领域，探索新路径。科学发现是有规律的，要尊重科学研究灵感瞬间性、方式随意性、路径不确定性的特点，允许科学家自由畅想、大胆假设、认真求证。不要以出成果的名义干涉科学家的研究，不要动辄用行政化的"参公管理"约束科学家。

数量庞大的科研人员是创新的主力军。用好科研人员，既要用事业激发其创新勇气和毅力，也要重视必要的物质激励，使他们"名利双收"。名就是荣誉，利就是现实的物质利益回报，其中拥有产权是最大激励。① 此外，还要重视技术工人队伍，他们是支撑中国制造和中国创造的重要力量，大力弘扬劳模精神、劳动精神和工匠精神，提高高技能人才的政治、经济、社会待遇。

发挥市场在人才资源配置中的作用，用活人才。向用人主体放权，为人才松绑，赋予他们更大的自主权。赋予科学家更大技术路线决定权和经费使用权，让科研单位和科研人员从烦琐、不必要的体制机制束缚中解放出来。扩大科研经费包干制实施范围，在人才类和基础研究类科研项目中推行经费包干制，不再编制项目预算。并鼓励有关部门和地方在从事基础性、前沿性、公益性研究的独立法人科研机构开展经费包干制试点。

科技创新离不开科技人员持久的时间投入，保障时间就是保护创新能力。习近平总书记指出："决不能让科技人员把大量时间花在一些无谓的迎来送往活动上，花在不必要的评审评价活动上，花在形式主义、官僚主义的种种活动上！"② 要建立让科研人员把主要精力放在科研上的保障机制，让科技人员把主要精力投入科技创新和研发活动中。

加大科研机构改革力度，扩大选人用人自主权，推进高校、科研院所薪酬制度改革。科研事业单位要有更灵活的薪酬制度，稳定并强化从事基础性、前沿性、公益性研究的科研人员队伍，为其安心科研提供保障。落实高层次人才工资分配激励政策，鼓励对高层次人才实行年薪制、协议工资制、项目工资制等灵活多样的分配形式。在人才

---

① 中共中央文献研究室编：《习近平关于科技创新论述摘编》，中央文献出版社 2016 年版，第 121 页。

② 习近平：《在中国科学院第二十次院士大会、中国工程院第十五次院士大会、中国科协第十次全国代表大会上的讲话》，人民出版社 2021 年版，第 16 页。

流动上要打破体制界限，让人才能够在政府、企业、智库间实现有序顺畅流动。通过设立面向全球的科学研究基金，促进科技开放合作，用好国际国内两种资源，用好用活国际一流人才和科研团队。

三、多措并举，强化企业创新主体地位

企业是市场经济主体，要充分发挥企业在科技创新中的主体作用。目前，企业创新主体地位还不够突出，虽然企业是研发投入主体，但基础研究投入和人才基础仍然薄弱；大企业是研发投入主力军但中小企业相对较少；企业 PCT 专利申请数多但高质量 PCT 专利少。强化企业创新主体地位，关键是要让企业成为创新决策、研发投入、科研组织、成果转移转化的主体。企业是否是创新的主体，还要看企业在重大规划和任务凝练中是否发挥了出题者作用；在重点产品科研攻关中是否发挥了产学研各方的组织协调者作用；在成果转移转化中是否发挥了技术承接应用者作用。

（一）推进产学研深度融合，支持企业牵头组建创新联合体

党的十九届五中全会指出，推进产学研深度融合，支持企业牵头组建创新联合体，承担国家重大科技项目。这将极大激发企业科技创新的主动性和积极性，进一步夯实企业创新主体地位，对于提升企业技术创新能力具有重要意义。关键核心技术都是复杂综合性技术，其研发突破并非一个创新主体能够承担，亦难凭现有各类创新组织与研发政策有效解决。有效组织研发力量创新突破是"十四五"时期及未来践行创新驱动发展战略的根本要求，也是我国科技实力加速从量的

积累迈向质的飞跃、从点的突破迈向系统能力提升的基本保障。创新联合体，是不同创新主体进行协同联合创新的一种组织形式。以整个产业链为基础，以解决具体技术问题为出发点，通过设施共享、风险共担、资源共用，以及合理的利益分配机制，激发各类主体创新动力，相互协作、紧密衔接，有效提升技术协同攻关效率。创新联合体由来已久，例如为了夺回在半导体设计与制造工艺上的优势，美国政府在1987年牵头成立了由13家企业组成的"半导体制造技术战略联盟（SEMATECH）"，目的是通过集中研发、优势互补、减少重复浪费，达到研发成果共享。1995年SEMATECH帮助美国半导体产业重新夺回了世界第一的地位。

创新联合体应该由头部企业牵头，这是由创新联合体的使命和职能定位所决定。创新联合体要解决产业核心关键技术和前沿技术，涉及基础研究、应用研究、试验开发以及产业应用市场化等创新链、产业链的各个环节。企业既是技术需求方也是供给方，最了解产业需要和产业技术供给能力。要充分发挥头部领军企业的作用，依托头部领军企业的垂直整合能力，牵头组织创新联合体，通过重大科技项目带动，使大中小企业能提早介入基础研究和应用基础研究，大学和科研院所能够延伸参与应用研究和试验开发，实现基础研究、应用研究、试验开发和产业创新深度融合、相互促进，形成大规模兵团作战优势，从而不断突破产业关键核心技术。

在创新联合体发展中，应更好地发挥政府职能。建立完善企业参与科技决策、承担重大科技任务等相关机制和政策。利用企业面向市场、面向竞争实践的天然优势，加大国家重大创新平台在企业布局的力度，特别是发挥领军企业整合产业链的作用，有效突破产业共性与关键技术，优化产业创新生态。相关部门应做好宏观调控和引导，以避免各创新联合体成员单位投入过多资源，进行重复研究与开发，减少不必要的体系内竞争。适时出台相关管理办法，明晰"创新联合体"的概念和认定管理办法；重点做好对创新联合体的引导和激励，为创新联合体在承担科研项目、税收优惠、知识产权保护、政策法规等方面，提供相应保障，同时引导各创新联合体内部探索更可行、更科学的成果、利益分享机制，推动创新联合体快速健康发展。对于运行较好的联合体，给予必要的专项支持，以增强各成员单位对组织的归属感，更好地与其他成员开展合作。

（二）支持中小微企业成为创新重要发源地

提升科技型中小企业的整体研发能力，在国家重点研发专项单列一定比例预算资助中小企业研发活动，优化高效率低成本的创新创业生态，支持中小微企业成长为创新重要发源地。科技型中小企业技术含量高、创新能力强，是极具活力和潜力的创新主体，是强化企业创新主体地位的重要力量。

一是在国家重点研发计划重点专项中，单列一定预算资助科技型中小企业研发活动，精准支持具备条件的科技型中小企业承担国家科技任务，开展关键核心技术攻关，引导创新要素向企业聚集，加快培养一批研发能力强、技术水平高、科技人才密集、能够形成核心技术产品等"四科"特征明显的科技型中小企业。二是简化普惠性优惠政策兑现程序，落实好科技型中小企业研发费用加计扣除、高新技术企业所得税减免、技术开发及技术转让增值税免税、技术转让企业所得税减免、小型微利企业所得税减征等政策，激发企业技术创新活力。推动进一步提高科技型中小企业研发费用加计扣除比例。三是支持探索科技型中小企业创新产品政府采购制度。加大装备首台套、材料首批次、软件首版次等创新产品政府非招标采购力度，带动企业新技术研发及产品迭代升级。四是优化国家科技成果转化引导基金绩效评价制度，将支持科技型中小企业突破关键核心技术作为重要绩效考核指标。支持国家、地方及行业各类科技成果转化引导基金设立科技型中小企业子基金，鼓励有条件的地方设立天使投资基金，支持科技型中小企业加大关键核心技术研发力度。

（三）发挥企业家在科技创新中的重要作用

企业家是企业的领头羊，是技术创新的组织者、探索者和引领者。第一次工业革命中马修·博尔顿与詹姆斯·瓦特的合作，充分彰显了企业家在推动技术变革中的重要作用。企业家有十分敏锐的市场感觉，富于冒险精神，有执着顽强的作风，在把握创新方向、凝聚创新人才、筹措创新投入、创造新组织等方面可以起到重要作用。

按照熊彼特的经济发展理论，企业家的职能就是实现创新。企业家精神内涵十分丰富，爱国、创新、诚信、社会责任和国际视野是企业家精神的五大要素。爱国情怀是第一位的，优秀的企业家能够将企业的发展同国家繁荣、民族兴盛、人民幸福紧密结合在一起，主动为国担当、为国分忧。创新是企业家精神的核心，敢于承担风险、敢为人先，保持战略定力、勇于担当是企业家的特质，这些特质使得企业家成为科技创新的探索者、组织者和引领者。而只有坚持诚信守法、勇于承担社会责任以及拥有更加广阔的国际视野，企业家才能带领企业走得更好、更远。

激发企业家精神，发挥企业家在技术创新中的重要作用，一是依法平等保护国有、民营、外资等各种所有制企业产权和自主经营权，拆除各种看得见或看不见的"玻璃门""弹簧门""旋转门"，打造各

类市场主体公平竞争的法治环境。要依法保护企业家合法权益，加强
产权和知识产权保护，形成长期稳定发展预期，鼓励创新、宽容失
败，营造激励企业家干事创业的浓厚氛围。要推进简政放权，全面实
施市场准入负面清单制度，支持企业更好参与市场合作和竞争。要实
施好外商投资法，放宽市场准入，推动贸易和投资便利化。对在中国
注册的企业要一视同仁，完善公平竞争环境。二是构建亲清政商关
系。各级领导干部要光明磊落同企业交往，了解企业家所思所想、所
困所惑，涉企政策制定要多听企业家意见和建议，同时要坚决防止权
钱交易、商业贿赂等问题损害政商关系和营商环境。要充分发挥市场
在资源配置中的决定性作用，更好发挥政府作用。政府是市场规则的
制定者，也是市场公平的维护者，要更多提供优质公共服务。要支持
企业家心无旁骛、长远打算，以恒心办恒业，扎根中国市场，深耕中
国市场。三是建立高层次、常态化的企业技术创新对话、咨询制度，
发挥企业和企业家在国家创新决策中的重要作用。吸收更多企业参与
研究制定国家技术创新规划、计划、政策和标准，相关专家咨询组中
产业专家和企业家应占较大比例。

　　围绕提升企业创新主体地位，一是营造良好政策环境。实践表
明，研发费用加计扣除、高技术企业税收优惠等普惠性政策有力激
发了企业创新活力。要扩大普惠性政策覆盖面，2022 年政府工作报
告中已经将这一政策扩大到了全部科技型中小企业，加计扣除比例
由 75% 提至 100%。简化普惠性优惠政策兑现程序，落实好科技型中
小企业研发费用加计扣除、高新技术企业所得税减免、技术开发及技
术转让增值税免税、技术转让企业所得税减免、小型微利企业所得税
减征等政策，激发企业技术创新活力。推动进一步提高科技型中小企
业研发费用加计扣除比例。二是发挥国家自创区和高新区创新高地的

引领带动作用。2020 年，169 个国家高新区集聚了全国 36.2% 的高新技术企业，研发投入占全国企业的 50%，用 0.1% 的国土面积创造了全国 12.7% 的国内生产总值。要把国家自创区和高新区打造成创新高地、产业高地、人才高地、开放高地和孵化高地，培育壮大一批全球科技领军企业。三是提高企业创新主体研发能力。国家重大科技项目要积极支持企业参与。要大力提升科技领军企业的核心技术攻关能力，支持领军企业牵头组建创新联合体，布局建立国家技术创新中心，支撑保障重点产业链供应链安全稳定。

四、深化科技体制改革，助推科技政策扎实落地

完善科技体制机制是实现国家治理体系和治理能力现代化的重要组成部分，也是完善社会主义市场经济体制的核心构成。深化科技体制改革，关键是正确处理政府与市场的关系，经济社会发展以及国家安全的科技解决方案，交给奋战在一线的千千万万科技工作者和市场主体，政府要做的是为他们创造良好环境、提供基础条件，发挥好组织协调作用。要加快科技管理职能转变，把更多精力从分钱、分物、定项目转到定战略、定方针、定政策和创造环境、搞好服务上来。政府有关部门应加强调查研究，提高政策针对性、有效性和操作性；制定科技政策落实方案，责任落实到人，建立相应的考核评估机制，增强闭环管理，形成有力的落实机制。

（一）完善重大科技任务组织实施机制

进一步完善国家科技计划联席会议制度，优化国家科技规划体系

和运行机制，推动重点领域项目、基地、人才、资金一体化配置。整合财政科研投入体制，加强科技力量统筹。组织实施体现国家战略意图的重大科技任务，按照"成熟一项、启动一项"原则，加快推进科技创新重大项目组织实施。强化基础研究和原始创新，布局前沿引领技术基础研究专项，由领衔科学家自主设置研究课题、自主选聘科研团队、自主安排经费使用。

改进科技项目组织管理方式，集中力量打好关键核心技术攻坚战。对支撑国家重大战略需求的任务，实行"揭榜挂帅""军令状""里程碑式考核"等管理制度，谁能干就让谁干；引导和组织优势力量下大力气解决一批"卡脖子"问题，对支撑经济社会发展的任务，与部门、地方共同组织实施，探索完善"悬赏制""赛马制"等任务管理方式；对科技创新前沿探索的任务，在竞争择优的基础上鼓励自由探索。

深化科研院所改革，完善科研项目和资金管理，切实减轻科研人员负担，赋予创新领军人才更大技术路线决定权和经费使用权，开展基于信任的科学家负责制试点。在全国推广一些地方创新科技体制机制的做法。例如科研经费"包干制"，设置科研助理，精简报销和申报材料，让科研人员从烦琐的行政事务中解脱出来。围绕创新激励，构建"鼓励创新、宽容失败"的免责机制，让科技创新不怕失败，勇于尝试。

（二）完善科技成果评价机制

针对目前科技评价机制存在的问题，改革现行的科技成果评价制度，从评什么、谁来评、怎样评以及怎样用等多维度构建一个科学、合理、公正、客观的科技成果评价机制，建立以科技创新质量、贡献、绩效为导向的分类评价体系，正确评价科技创新成果的科学价值、技术价值、经济价值、社会价值、文化价值。

一是构建多元价值评价体系，解决"评什么"的问题。根据科技成果不同特点和评价目的，有针对性地评价科技成果的多元价值。首先，科学价值重点评价在新发现、新原理、新方法方面的独创性贡献。将论文评价重点放在创新水平和科学价值上，不把 SCI 论文相关指标作为直接判断依据①。其次，技术价值重点评价重大技术发明，突出在解决产业关键共性技术问题、企业重大技术创新难题，特别是关键核心技术问题方面的成效。再次，经济价值重点评价推广前景、预期效益、潜在风险等对经济和产业发展的影响。又次，社会价值重点评价在解决人民健康、国防与公共安全、生态环境等重大瓶颈问题方面的成效。最后，文化价值重点评价在倡导科学家精神、营造创新文化、弘扬社会主义核心价值观等方面的影响和贡献。② 二是构建多元评价主体体系，解决"谁来评"的问题。基础研究成果以同行评议为主，鼓励国际"小同行"评议；应用研究成果以行业用户和社会评价为主；技术开发和产业化成果主要以用户评价、市场检验和第三方评价为主。三是构建多元评价指标体系，解决"怎样评"的问题。基础研究成果推行代表作制度，实行定量评价与定性评价相结合；应用研究成果注重高质量知识产权产出，把新技术、新材料、新工艺、新产品、新设备样机性能等作为主要评价指标；不涉及军工、国防等敏感领域的技术开发和产业化成果，可以把技术交易合同金额、市场估值、市场占有率、重大工程或重点企业应用情况等作为主要评价指

---

① 2020 年，科技部和教育部分别印发了《关于破除科技评价中"唯论文"不良导向的若干措施（试行）》和《关于破除高校哲学社会科学研究评价中"唯论文"不良导向的若干意见》。

② 《国务院办公厅关于完善科技成果评价机制的指导意见》，2021 年 8 月 2 日，见 http://www.gov.cn/zhengce/content/2021-08/02/content_5628987.htm。

标。探索建立重大成果研发过程回溯和阶段性评估机制，加强成果真实性和可靠性验证，合理评价成果研发过程性贡献。四是构建联动机制，推动科技成果产业化。加大对科技成果转化和产业化的投融资支持，鼓励和引导金融机构、投资公司对科技成果进行商业性评价，吸引企业家、天使投资、专业化技术转移机构提前介入研发活动。健全协议定价、挂牌交易、拍卖、资产评估等多元化科技成果市场交易定价模式，加快建设现代化高水平技术交易市场，推动建立全国性知识产权和科技成果产权交易中心，完善技术要素交易与监管体系。

（三）建立以创新价值、能力、贡献为导向的科技人才评价体系

建立科学化、社会化和市场化的科技人才评价机制，减少不必要的政府性评价，避免人才"帽子"满天飞，落实用人主体的评价权。要"破四唯"和"立新标"并举，加快建立以创新价值、能力、贡献为导向的科技人才评价体系。遵循人才成长规律，突出品德、能力和业绩评价导向，建立体现不同职业、不同岗位、不同层次科技人才特点的分类评价机制，科学客观公正评价科技人才，让各类科技人才价值得到充分尊重和体现。例如，基础研究周期长，科研人员要长期坚持坐"冷板凳"需要宽松、信任的工作环境。因此，评估基础研究要遵循科学技术发展规律，选有情怀、有理想、耐得住寂寞、甘于奉献的团队和项目负责人，并给予高度信任。对主要从事基础研究的人才，着重评价其提出和解决重大科学问题的原创能力、成果的科学价值、学术水平和影响等。对主要从事应用研究和技术开发的人才，着重评价其技术创新与集成能力、取得的自主知识产权和重大技术突破、成果转化、对产业发展的实际贡献等。对从事社会公益研究、科技管理服务和实验技术的人才，重在评价考核工作绩效，引导其提高

服务水平和技术支持能力。①

尊重各类科技人才的成长和发展规律，区别对待不同年龄、职称、学历层次的科技人才，着重评价科技人才在学科和团队中的实际贡献，动态评价，特别要构建有利于促进青年科技人才成长的评价标准。根据科技活动类型和学科特点，结合人事聘用合同、项目实施过程的要求，适当延长评价周期，减少评价次数，避免频繁评价，简化评价程序，注重评价实效。科技人员的评价周期一般不少于三年，创新团队和创新平台的评价周期一般不少于五年。加强评价结果共享，避免重复评价，不断提高评价的科学性。

（四）构建科技、产业、金融协同的政策体系

创新是一个系统工程，创新链、产业链、资金链、政策链相互交织、相互支撑，改革只在一个环节或几个环节是不够的，必须全面部署，并坚定不移推进。科技创新、制度创新要协同发挥作用，两个轮子一起转。② 只有完善科技成果与产业、资金和市场融合机制，才能从根本上推动科技政策扎实落地，推动创新发展。以市场需求为导向、应用场景为牵引、融通发展为根本，将科技政策贯穿于战略性新兴产业、科技型大中小企业、卡脖子技术突破和产品应用等层面，切实提高研发投入效率和引领带动作用。要进一步推动企业成为创新的主体，积极发挥其"出题者"的作用，做好科技创新与国家重大需求的更好衔接，通过科创链和产业链的耦合，实现产业关键核心技术的

---

① 《中共中央办公厅　国务院办公厅印发〈关于分类推进人才评价机制改革的指导意见〉》，2018 年 2 月 26 日，见 http://www.gov.cn/zhengce/2018-02/26/content_5268965.htm。

② 习近平：《为建设世界科技强国而奋斗——在全国科技创新大会、两院院士大会、中国科协第九次全国代表大会上的讲话》，人民出版社 2016 年版，第 13—14 页。

更好突破。要扎实培育一批科技领军企业，发挥其在科技前沿探索和带动中小企业创新方面的积极作用，通过资金链、人才链、政策链的系统支持，使其成为国家战略科技力量的重要组成部分。让更多国家重大科技专项由重点企业出题、组织实施，由科技领军企业带动高校、科研院所进行产业核心技术攻关。

一是健全科技成果转移转化收益合理分配机制，赋予科技人员职务科技成果所有权或长期使用权，充分利用市场机制评估科技成果。给予科技成果转移转化税收优惠。二是完善政府采购政策，落实对自主创新产品的支持，推动科技成果产业化和规模化应用。构建以科技创新为导向的政府采购制度。例如，在评审标准方面，可以不采用最低价中标的采购方式；让更多既懂采购又懂技术的专家参与到评标活动中来；鼓励创新性的政府采购方案，让政府采购切实发挥鼓励创新、促进创新的作用。三是加大知识产权保护力度，引导各类创新主体在关键前沿领域加强专利布局，提高知识产权管理和运营能力，切实推动科技成果转移转化，实现创新价值。四是完善金融支持创新体系，促进新技术产业化规模化应用。围绕创新链和产业链打造资金链，形成金融、科技和产业良性循环和三角互动。完善多层次资本市场，建设高质量资本市场，实现各板块之间的互联互通。商业银行要转变发展方式，深化与财政、社会资金合作，探索联合支持科技创新项目的新模式。

第十章

正确认识和把握实现共同富裕的
战略目标和实践途径

共同富裕是社会主义制度的本质要求，也是以人民为中心的发展思想的必然体现。应对世界百年未有之大变局，走好中国式现代化新道路，都要求我们把促进全体人民共同富裕作为着力点。面对经济发展不充分、区域发展不均衡、城乡发展不协调、行业发展不平衡等具体难题，我们要立足于整体思维、系统思维和全局思维，作出更有效的制度安排，推动全体人民共同富裕取得更为明显的实质性进展。

党的十九届五中全会提出，到 2035 年全体人民共同富裕要取得更为明显的实质性进展。2021 年 8 月，习近平总书记在中央财经委员会第十次会议上发表讲话，进一步对扎实推进全体人民共同富裕作出具体部署。他指出："现在，我们正在向第二个百年奋斗目标迈进。适应我国社会主要矛盾的变化，更好满足人民日益增长的美好生活需要，必须把促进全体人民共同富裕作为为人民谋幸福的着力点，不断夯实党长期执政基础。"① 要确保如期实现全体人民共同富裕的奋斗目标，必须从理论上弄清楚为什么要实现全体人民共同富裕，实现共同富裕面临怎样的难题以及如何实现共同富裕这些基本问题。

一、共同富裕的重大意义

实现共同富裕是中国经济发展取得巨大成就之后的必然转向，它既是社会主义制度的本质要求，也是以人民为中心的发展思想的必然体现，还是走好中国式现代化新道路的内在要求，更是我们应对百年未有之大变局的关键举措。

---

① 习近平：《扎实推动共同富裕》，人民出版社 2021 年版，第 1—2 页。

（一）实现共同富裕是社会主义制度的本质要求

马克思主义的世界观和方法论指导我们要紧紧依靠人民，将马克思主义普遍原理与中国具体实际相结合，不断与时俱进。实现中国特色社会主义必须坚持马克思主义，坚持实现人类解放和每一个人自由全面发展的价值理想。中国特色社会主义作为共产主义运动的一个重要组成部分，实现共同富裕就是社会主义的本质要求。

一百多年前，马克思用无可辩驳的逻辑和事实证明，生产社会化和生产资料私人占有之间的矛盾是资本主义制度必然出现经济危机的根本原因，而这一矛盾又恰恰是资本主义无法解决的内生性缺陷。回顾马克思关于未来社会的思想可以发现，共同富裕首先是作为批判"两极分化"的对立面而出现的。在《政治经济学批判（1857—1858年手稿)》中，马克思对未来社会进行了前瞻性描述，"社会生产力的发展将如此迅速……生产将以所有的人富裕为目的"①。可见，共同富裕是马克思关于社会主义制度设想的本质特征，也是社会主义制度实践的指南。

（二）实现共同富裕是以人民为中心的发展思想的必然体现

坚持以人民为中心是我们党宝贵的执政经验。在迈向现代化的过程中，我们始终坚持以人民为中心的发展思想，始终坚持发展为了人民、发展依靠人民、发展成果由人民共享，追求"让改革发展成果更多更公平惠及全体人民"的共同富裕，彰显了正确的发展观、现代化观。而实现共同富裕恰恰是我们党坚持全心全意为人民服务根本宗旨

---

① 《马克思恩格斯文集》第 8 卷，人民出版社 2009 年版，第 200 页。

的重要体现。

改革开放后，我们党深刻总结正反两方面历史经验，认识到贫穷不是社会主义，打破传统体制束缚，允许一部分人、一部分地区先富起来，推动解放和发展社会生产力。党的十八大以来，以习近平同志为核心的党中央把逐步实现全体人民共同富裕摆在更加重要的位置上，采取有力措施保障和改善民生，打赢脱贫攻坚战，全面建成小康社会，为促进共同富裕创造了良好条件。现在，我们正在向第二个百年奋斗目标迈进，适应我国社会主要矛盾的变化，更好满足人民日益增长的美好生活需要，必须把促进全体人民共同富裕作为为人民谋幸福的着力点，不断夯实党长期执政基础。为人民谋幸福、为民族谋复兴，是我们党领导现代化建设的出发点和落脚点。坚持以人民为中心的发展思想，在高质量发展中促进共同富裕，我们就一定能汇聚起14亿多中国人民的磅礴力量，实现中华民族伟大复兴的中国梦。

（三）实现共同富裕是走好中国式现代化新道路的内在要求

实现全体人民共同富裕，不仅有利于让人民群众获得更多获得感、幸福感进而持续增强中国经济高质量发展的后劲，有利于社会和谐稳定和长治久安，有利于构建新发展格局，而且是走好中国式现代化新道路的内在要求。从各国发展历史看，富裕是各国现代化追求的目标。一些发达国家搞了几百年工业化和现代化，把人民生活总体上提到相当高的水平，但由于社会制度原因，贫富差距问题反而越来越严重。中国有14亿多人口，如此巨大的人口体量整体迈入现代化进而逐步实现共同富裕，在世界发展史上是前所未有的，将彻底改写人类社会高收入国家的版图。然而，也正因我国人口规模众多，实现共同富裕必须坚持中国式现代化新道路。

　　一方面，鉴于欧美等西方发达国家现代化过程存在"两极分化"以及由此诱发的社会矛盾和冲突的教训，我们只有努力推进全体人民共同富裕，不断实现社会公平正义，才能实现社会和谐稳定和长治久安。对此，习近平总书记指出："当前，全球收入不平等问题突出，一些国家贫富分化，中产阶层塌陷，导致社会撕裂、政治极化、民粹主义泛滥，教训十分深刻！我国必须坚决防止两极分化，促进共同富裕，实现社会和谐安定。"[1]另一方面，中国式现代化同欧美等西方现代化道路最大区别就是是否实现"全体人民共同富裕"。一些发达国家工业化搞了几百年，但由于社会制度原因，到现在共同富裕问题仍未解决，贫富悬殊问题反而越来越严重。对此，习近平总书记指出：共同富裕是社会主义的本质要求，是中国式现代化的重要特征，要坚持以人民为中心的发展思想，在高质量发展中促进共同富裕[2]。

（四）实现共同富裕是应对百年未有之大变局的关键举措

　　当今世界正经历百年未有之大变局，不同国家和发展制度之间的竞争越来越激烈。一方面，在一次又一次应对经济危机冲击的过程中，西方主要发达国家的资本主义制度吸收了大量的马克思主义和国家福利主义的内容并由此形成了各有特点、并不完全相同的资本主义发展制度，局部稳定了经济发展周期，也创造了极为发达的生产力，这些国家的制度在很长时间内也成为全世界其他国家向往的发展制度和发展模式。另一方面，随着中国等一批新兴国家的快速发展，世界经济、产业、贸易格局出现了深层次调整，也导致全球利益和权力格

---

　　① 习近平：《扎实推动共同富裕》，人民出版社2021年版，第2页。
　　② 《在高质量发展中促进共同富裕　统筹做好重大金融风险防范化解工作》，《人民日报》2021年8月18日。

局开始大幅度震荡。在这种背景下，中国的发展制度在保持经济发展速度、增加居民收入水平、推动产业升级、维持社会稳定等方面的出色表现，已经开始面临个别西方国家如美国的打压，这几年的贸易摩擦实际上反映了两国发展制度的差异。可以预见，两国和两种制度之间的竞争还会持续一段时间，在决定两种发展制度竞争结局的诸多影响因素中，双方在科技水平、创新能力、制造能力、生活水平和社会稳定等领域各有千秋，但我们必须清醒地意识到，共同富裕是社会主义制度的最大优势，也是本质特征，更是对方发展制度无法解决的缺陷。与此同时，我国已经取得圆满成功的减贫之路也充分证明了中国特色社会主义制度是有信心、有能力、有潜力实现共同富裕目标的。因此，长期来看，能否实现共同富裕将成为我国成功应对此次百年未有之大变局的关键因素。

二、实现共同富裕目标的具体难题

实现共同富裕是一项系统工程，需要各领域相关工作的高质量推进和协同配合，任何环节工作的缺失都会对共同富裕目标的实现产生负面影响。从具体表现看，以下四方面问题是制约我国顺利实现共同富裕目标的主要难题。

（一）经济发展不充分

作为分配环节的直接结果，共同富裕目标能否顺利实现不仅直接体现于分配环节，同时由于分配环节与生产环节密切相关，发展模式的质量也会对分配环节从而对共同富裕目标产生影响。在过去几十年的发展过程中，我国发展模式质量不断提高，发展效益也保持持续稳定的增长趋势。尤其是党的十八大以来，以习近平同志为核心的党中央坚持以高质量发展为根本遵循，全面贯彻落实新发展理念，加快构建新发展格局，经济发展质量得到显著提高，为共同富裕目标的实现奠定了坚实经济基础。但与此同时，我们也必须看到，当前的经济发展模式质量还存在一些严重制约共同富裕目标顺利实现的难题。

1. 发展格局上，仍然面临关键核心技术不足的短板。虽然我国进出口贸易规模已经成为全球第一，外向型经济发展程度较高，但从发展格局的安全角度看，关键核心技术的短板与不足仍然困扰着我国经济社会发展。比如我国是全球最大的电子产品制造国，但依旧存在"缺芯少魂"的局面，每年进口集成电路金额超过数万亿；又比如我国是医药大国，但仿制药占比仍然很高，多数高端医疗设备依赖进口，自身硬实力不强。即便是应用走在前列的人工智能产业，在底层算法、开源框架上基础仍比较薄弱，"地基"仍然不牢。因此，提高发展的平衡性必须攻克这些"卡脖子"技术，加快构建以国内大循环为主体、国内国际双循环相互促进的新发展格局，确保经济循环的持续稳定运行。

2. 发展动力上，仍然面临内需不足的挑战。虽然消费对经济增长的贡献率逐步提高，已经成为三驾马车中的最大动力来源。但从消费增速看，2011 年以后，我国的社会消费品零售总额增速出现了大幅下降，2011 年社会消费品零售总额 181226 亿元，同比增长 17.1%，2013 年我国社会消费品零售总额同比增速已经下降至 13.1%，2015年进一步下降至 10.7%，2018 年和 2019 年的社会消费品零售总额同比增速已经跌破 10%，分别为 9% 和 8%。2020 年新冠肺炎疫情暴发以后，社会消费品零售总额的复苏进程明显滞后于外贸指标，说明我国的内需仍然有较大的提升空间。

3. 发展方式上，生态环境仍然面临巨大的保护压力。党的十八大以来，我国生态环境持续改善，生态环境质量持续提高。但整体看，当前的生态环境质量和生态环保治理态势距离老百姓对美好生活的期盼、距离建设美丽中国的目标还有很大的差距。具体而言，我国发展模式面临的生态环保形势仍然是"三个没有根本改变"。第一个没有根本改变指的是我们国家以重化工为主的产业结构和以煤为主的能源结构没有根本改变，例如我国仍然是世界上最大的能源消费国、煤炭消费国以及全球金属矿产消费中心。第二个没有根本改变指的是环境污染和生态保护所面临的严峻形势没有根本改变，例如，《2019年全国生态环境质量简况》显示，全国地级及以上城市细颗粒物浓度尚未达标，我国环境空气质量达标城市数量仍不足一半。第三个没有根本改变指的是环境事件多发频发的高风险态势没有根本改变。基于这"三个没有根本改变"，下一阶段我国生态环境保护面临的形势和任务仍然是非常严峻和艰巨的。

（二）区域发展不均衡

由于长期实施非均衡区域发展战略，中国区域发展差距在很长时间内都处于较高水平。虽然1999年西部大开发战略以及后续的振兴东北老工业基地与中部崛起战略有效地缩小了区域差距，但整体来看，目前中国区域差距仍然处于较高水平，实现共同富裕需要着力解决区域发展不均衡问题。为了更详细揭示中国区域发展的差距，我们选择经典的六分法，将中国大陆经济区域分为华北、东北、华东、中南、西南、西北等六个区域，通过观察六大区域的经济比重变化情况来分析区域之间的发展差距演变情况。

一方面，从绝对份额看，六大区域的发展水平差距极大，2020年华北、东北、华东、中南、西南、西北等六大区域 GDP 占全国经济总量的比重分别是 12%、5%、38.3%、27.5%、11.6%、5.5%，华东地区 GDP 占全国经济总量的比重是西北和东北地区的 7 倍以上、是华北和西南地区的 3 倍以上，可见六大区域之间的巨大发展差距。另一方面，华北、东北、华东、中南、西南、西北等六大区域不仅 GDP 总量差距大，从增速来看，六大区域的分化也非常明显，华北地区 GDP 占全国经济总量的比重从 2005 年的峰值 14.1% 下降至 2020 年的谷值 12%；东北地区 GDP 占全国经济总量的比重从 1999 年的峰值 9.5% 下降至 2020 年的谷值 5%；华东地区 GDP 占全国经济总量的比重从 2006 年的峰值 38.4% 下降至 2012 年的谷值 37.2% 后，又开始逆势上涨至 2020 年的 38.3%；中南地区 GDP 占全国经济总量的比重从 1999 年的谷值 25.8% 一直波动上升至 2020 年的 27.5%，增幅达到 1.7 个百分点，是最近二十年提升幅度第二的地区；西南地区 GDP 占全国经济总量的比重从 2006 年的谷值 8.6% 上升至 2020 年的 11.6%，是这一时期提升幅度最大的地区；西北地区 GDP 占全国经济总量的比重从 1999 年的谷值 4.8% 一路波动上升至 2020 年的 5.5%。可见，西南地区、中南地区、华东地区是过去十余年经济增速最快的几个地区，而这几个地区恰恰又是经济总量较大的几个地区，这就意味着这些地区不仅经济总量大，而且经济增速快，这无疑会继续拉大区域发展差距。

更值得警惕的是我国南北区域差距也在进一步拉大，自 1999 年以来，北方地区的 GDP 占全国经济总量的比重持续下滑。1999—2002年北方地区的 GDP 占全国经济总量的比重的均值为 40.94%，2003—2008 年下降至 40.47%，2009—2014 年略微下降至 39.22%，2015—

2020年则快速下降至36.09%，二十年时间，北方地区的GDP占全国经济总量的比重下降幅度已经超过了4.8个百分点。与此同时，从个体省份的经济发展形势来看，北方省份与南方省份的GDP差距也逐渐拉大，例如北方地区经济规模排名第一的山东省，其1999—2002年的GDP占全国经济总量的比重为8.44%，而2015—2020年的GDP占全国经济总量的比重已经下降为7.51%。相比之下，南方经济规模最大的两个省份即广东省与江苏省，两者的GDP占全国经济总量的比重分别由1999—2002年的11.03%和8.76%演变为2015—2020年的10.93%和10.21%，江苏省GDP占全国经济总量的比重上升了1.45个百分点，广东省GDP占全国经济总量的比重虽然相比于1999—2002年略有下降，但是相比于2009—2014年的10.77%则实现了比重的重新提高，这与山东省GDP占全国经济总量的比重持续下滑趋势是完全不同的。因此，南北地区的发展差距问题值得高度重视。

（三）城乡发展不协调

城乡发展不协调是影响共同富裕目标顺利实现的难点之一。党的十八大以来，以习近平同志为核心的党中央高度重视城乡协调发展尤其是农村地区的加快发展，城乡居民收入差距进一步缩小。2021年全国居民人均可支配收入已经达到35128元，按常住地分，城镇居民人均可支配收入47412元，比上年增长8.2%；农村居民人均可支配收入18931元，比上年增长10.5%，城乡居民人均可支配收入比值为2.50，比上年缩小0.06，继续保持缩小趋势。

虽然整体上我国城乡发展差距在缩小，但从区域经济看，我国各省内部的城乡发展差距仍然比较明显，2020年各省（自治区、直辖市）的城乡居民可支配收入比值的均值为2.43。其中，城乡居民可支配收入比值小于 2 的只有天津市、黑龙江省以及浙江省，其城乡居民可支配收入比值分别是 1.855、1.924 和 1.964。此外，贵州省与甘肃省的城乡居民可支配收入比值超过 3，是城乡发展差距最大的两个省，其他 26 个省（自治区、直辖市）的城乡居民可支配收入比值都在 2—3 之间。与此同时，观察各个省份的城乡居民可支配收入比值变化可知，近四年城乡居民收入差距开始下降，如果考虑到疫情影响，只观察 2016—2019 年的城乡居民可支配收入比值变化，可以发现绝大部分省份的城乡居民可支配收入差距缩小极为缓慢，2016—2019 年城乡居民可支配收入比值降低幅度超过 0.1 的只有山西省、内蒙古自治区、黑龙江省、广西壮族自治区、贵州省、云南省、新疆维吾尔自治区等 7 个省份，其他 24 个省份的城乡居民可支配收入比值的缩小幅度都在 0.1 以内。这也从侧面反映了城乡收入差距缩小的艰巨性，这是我国实现共同富裕目标的重要挑战之一。

（四）行业发展不平衡

除了整体发展不充分、区域发展不均衡、城乡发展不协调外，我国行业之间的发展也存在巨大不平衡，这也直接制约了共同富裕目标的顺利实现。

一方面，从静态指标看，我国不同行业从业人员的平均工资水平存在巨大差距。根据国家统计局的数据，2020 年我国所有行业中，从业人员年平均工资超过 10 万元的行业有 9 个，分别是信息传输、软件和信息技术服务业，科学研究和技术服务业，金融业，电力、热力、燃气及水生产和供应业，卫生和社会工作，文化、体育和娱乐业，教育，公共管理、社会保障和社会组织，交通运输、仓储和邮政业，其工资水平分别为 177544 元，139851 元，133390 元，116728

元，115449 元，112081 元，106474 元，104487 元，100642 元。 而
工资水平处于后五位的行业分别是建筑业，水利、环境和公共设施管
理业，居民服务、修理和其他服务业，住宿和餐饮业，农、林、牧、
渔业，其工资水平分别为 69986 元，63914 元，60722 元，48833 元，
48540 元。可见，我国不同行业之间的工资收入水平存在巨大差距，
工资水平最高的信息传输、软件和信息技术服务业的年平均工资是最
低的农、林、牧、渔业的年平均工资的 3.66 倍，远远大于普通的城
乡居民收入差距。

　　另一方面，从动态指标看，不同行业从业人员的平均工资水平差
距也面临持续扩大的风险。同样以信息传输、软件和信息技术服务业
与农、林、牧、渔业为例，2013 年信息传输、软件和信息技术服务业
的年平均工资为 90915 元，农、林、牧、渔业的年平均工资为 25820 元，
两者差距为 65095 元；而 2020 年信息传输、软件和信息技术服务业
的年平均工资为 177544 元，农、林、牧、渔业的年平均工资为 48540
元，两者差距已经扩大为 129004 元，差幅扩大了 1.98 倍。实际上，农、
林、牧、渔业的年平均工资在 2013—2020 年仅仅增加了 1.88 倍，低
于同区间全体城镇单位就业人员年平均工资 1.89 倍的增幅，而类似于
农、林、牧、渔业的行业数量足足还有 14 个。可见，我国行业之间发
展的不平衡程度已经成为制约我国共同富裕目标顺利实现的重要难关。

三、实现共同富裕目标的实践途径

　　如同全面建成小康社会一样，全体人民共同富裕是一个总体概
念，是对全社会而言的，而不是从某一地区或者某一行业出发，单打

独斗，是要立足于整体思维、系统思维和全局思维，强化不同区域、不同行业和不同领域的协调配合，久久为功，不断推动共同富裕目标取得更为明显的实质性进展。与此同时，由于我国人口众多，实现共同富裕目标必然会是一个长期艰巨的过程，不可能所有人都同时富裕，也不可能所有地区同时达到一个富裕水准，不同人群不仅实现富裕的程度有高有低，时间上也会有先有后，不同地区富裕程度还会存在一定差异。面对这一情况，我们同样要保持战略定力和耐心，不断根据实际情况来采取更多具有实际效果的政策举措。

（一）实现共同富裕目标的基本原则

基于实现共同富裕目标的艰巨性，实现共同富裕目标，应该把握好以下四方面原则。

1. 鼓励勤劳创新致富。幸福生活是奋斗出来的，共同富裕要靠勤劳和智慧来创造。要坚持在发展中保障和改善民生，把推动高质量发展放在首位，为人民提高受教育程度、增强发展能力创造更加普惠公平的条件，提升全社会人力资本和专业技能，提高就业创业能力，增强致富本领。要防止社会阶层固化，畅通向上流动通道，给更多人创造致富机会，形成人人参与的发展环境，避免"内卷"和"躺平"。

2. 坚持基本经济制度。要立足社会主义初级阶段，坚持"两个毫不动摇"。要坚持公有制为主体、多种所有制经济共同发展，大力发挥公有制经济在促进共同富裕中的重要作用，同时要促进非公有制经济健康发展和非公有制经济人士健康成长。要允许一部分人先富起来，同时要强调先富带后富、帮后富，重点鼓励辛勤劳动、合法经营、敢于创业的致富带头人。靠偏门致富不能提倡，违法违规的要依法处理。

3.尽力而为量力而行。要建立科学的公共政策体系，把蛋糕分好，形成人人享有的合理分配格局。要以更大的力度、更实的举措让人民群众有更多获得感。同时，也要看到，我国发展水平离发达国家还有很大差距。要统筹考虑需要和可能，把保障和改善民生建立在经济发展和财力可持续的基础之上，不要好高骛远，吊高胃口，作兑现不了的承诺。政府不能什么都包，重点是加强基础性、普惠性、兜底性民生保障建设。即使将来发展水平更高、财力更雄厚了，也不能提过高的目标，搞过头的保障，坚决防止落入"福利主义"养懒汉的陷阱。

4.坚持循序渐进。共同富裕是一个长远目标，需要一个过程，不可能一蹴而就，对其长期性、艰巨性、复杂性要有充分估计，办好这件事，等不得，也急不得。我们要有耐心，实打实地一件事一件事办好，提高实效。要抓好浙江共同富裕示范区建设，鼓励各地因地制宜探索有效路径，总结经验，逐步推开。

（二）实现共同富裕目标的总体思路

实现共同富裕目标的总体思路是，坚持以人民为中心的发展思想，在高质量发展中促进共同富裕，正确处理效率和公平的关系，构建初次分配、再分配、三次分配协调配套的基础性制度安排，加大税收、社保、转移支付等调节力度并提高精准性，扩大中等收入群体比重，增加低收入群体收入，合理调节高收入，取缔非法收入，形成中间大、两头小的橄榄型分配结构，促进社会公平正义，促进人的全面发展，使全体人民朝着共同富裕目标扎实迈进。具体而言，要着重处理如下几对关系。

1.效率与公平的关系。效率和公平是互相促进的，一次分配、二次分配都要注重效率与公平。处理效率与公平的关系，既是中国的难题，也是世界性难题。国家和社会应当关注社会公平，只有公平了才能实现贫富和谐。但是，关注公平，实现贫富和谐，决不能简单地向效率开刀。实践证明，效率和公平不是对立的，是互为基础、互相促进的。在自由竞争的市场条件下，初次分配收入存在一定差距是不可避免的，按贡献分配可以大面积激活社会潜能，最大限度地开发人力资源，提高全社会效率，创造充足社会财富，保持社会经济的可持续发展。但如果初次分配中存在的问题过多，收入差距过大，再分配很难纠正过来，则会影响社会公平和社会稳定。因此，在初次分配中处理好效率和公平的关系十分重要。

2.经济发展、社会稳定与收入分配的关系。共同富裕不是杀富济贫，也不是平均主义，其目标是缩小不合理的收入差距，提高广大人民群众的幸福感和获得感。一方面，推进共同富裕目标要以保持经济可持续发展为前提，只有发展才是解决所有问题的关键。加快经济的发展，创造共同富裕的强大物质基础，才能从容地协调和解决好复杂的分配利益关系，合理调整国民收入分配格局，真正维护社会公平公正，充分促进广大人民群众发展经济的积极性。另一方面，推进共同富裕目标要选择系统科学的政策措施，以保障和满足最广大人民群众的根本利益需求为政策实施基准，只有这样，推进共同富裕目标改革才不会对社会稳定产生影响。

3.按劳分配与按要素分配的关系。党的十九届四中全会将公有制为主体、多种所有制经济共同发展，按劳分配为主体、多种分配方式并存，社会主义市场经济体制等作为社会主义基本经济制度。这是党的历史上第一次将按劳分配为主体、多种分配方式并存的收入分配制度列为基本经济制度，体现党中央对改革开放 40 多年来一以贯之遵循的收入分配原则的肯定。这也就意味着按劳分配和按要素分配在很长一段时间内将共存。从过去的发展实践看，这一分配制度充分激发了各类生产要素的积极性，极大地促进了经济增长，未来必须毫不动摇地继续坚持。然而，随着资本等生产要素的地位日益提高，在分配过程中的强势地位越发明显，劳动要素的收入份额开始逐渐下降，未来同样需要重视对不同生产要素分配地位的优化与调整，既鼓励各种生产要素充分发挥各自潜力，又采取适当措施来保障劳动要素在整个收入分配过程中的优先地位。

4.居民、企业、政府间的关系。居民、企业与政府是推进共同富裕过程中的三大主体，三者的收入分配结构直接决定共同富裕目标的实现进程。一方面，做大蛋糕需要三大主体的生产与发展积极性都得到保持，居民的积极性在于收入、企业的积极性在于利润、政府的积极性在于税收，要充分保证三大主体的绝对收入都能够保持在一个合理的增速。另一方面，在分蛋糕的过程中，应该尽快扭转政府收入份额高于企业和居民收入份额这一不利局面。实事求是地看，政府的收入份额长期高于企业和居民的收入份额这一现象是不正常的，也是不可持续的。在这一过程中，政府应该通过降低税负、加大转移支付力度和出台相关法律来改善企业的经营环境，从而提高企业与居民主体的收入份额。

（三）实现共同富裕目标的具体路径

推动实现共同富裕战略目标的具体路径主要包括以下六个方面。

1.提高发展的平衡性、协调性、包容性。要加快完善社会主义市场经济体制，推动发展更平衡、更协调、更包容。要增强区域发展的平衡性，实施区域重大战略和区域协调发展战略，健全转移支付制度，缩小区域人均财政支出差异，加大对欠发达地区的支持力度。要强化行业发展的协调性，加快垄断行业改革，推动金融、房地产同实体经济协调发展。要支持中小企业发展，构建大中小企业相互依存、相互促进的企业发展生态。

2. 着力扩大中等收入群体规模。要抓住重点、精准施策，推动更多低收入人群迈入中等收入行列。高校毕业生是有望进入中等收入群体的重要方面，要提高高等教育质量，做到学有专长、学有所用，帮助他们尽快适应社会发展需要。技术工人也是中等收入群体的重要组成部分，要加大技能人才培养力度，提高技术工人工资待遇，吸引更多高素质人才加入技术工人队伍。中小企业主和个体工商户是创业致富的重要群体，要改善营商环境，减轻税费负担，提供更多市场化的金融服务，帮助他们稳定经营、持续增收。进城农民工是中等收入群体的重要来源，要深化户籍制度改革，解决好农业转移人口随迁子女教育等问题，让他们安心进城，稳定就业。要适当提高公务员特别是基层一线公务员及国有企事业单位基层职工工资待遇。要增加城乡居民住房、农村土地、金融资产等各类财产性收入。

3. 促进基本公共服务均等化。低收入群体是促进共同富裕的重点帮扶保障人群。要加大普惠性人力资本投入，有效减轻困难家庭教育负担，提高低收入群众子女受教育水平。要完善养老和医疗保障体系，逐步缩小职工与居民、城市与农村的筹资和保障待遇差距，逐步提高城乡居民基本养老金水平。要完善兜底救助体系，加快缩小社会救助的城乡标准差异，逐步提高城乡最低生活保障水平，兜住基本生活底线。要完善住房供应和保障体系，坚持"房子是用来住的、不是用来炒的"定位，租购并举，因城施策，完善长租房政策，扩大保障性租赁住房供给，重点解决好新市民住房问题。

4. 加强对高收入的规范和调节。在依法保护合法收入的同时，要防止两极分化、消除分配不公。要合理调节过高收入，完善个人所得税制度，规范资本性所得管理。要积极稳妥推进房地产税立法和改革，做好试点工作。要加大消费环节税收调节力度，研究扩大消费税征收范围。要加强公益慈善事业规范管理，完善税收优惠政策，鼓励高收入人群和企业更多回报社会。要清理规范不合理收入，加大对垄断行业和国有企业的收入分配管理，整顿收入分配秩序，清理借改革之名变相增加高管收入等分配乱象。要坚决取缔非法收入，坚决遏制权钱交易，坚决打击内幕交易、操纵股市、财务造假和偷税漏税等获取非法收入行为。经过多年探索，我国对解决贫困问题有了完整的办法，但在如何致富问题上还要探索积累经验。要保护产权和知识产权，保护合法致富。要坚决反对资本无序扩张，对敏感领域准入划出负面清单，加强反垄断监管。同时，也要调动企业家积极性，促进各类资本规范健康发展。

5. 促进人民精神生活共同富裕。促进共同富裕与促进人的全面发展是高度统一的。要强化社会主义核心价值观引领，加强爱国主义、集体主义、社会主义教育，发展公共文化事业，完善公共文化服务体系，不断满足人民群众多样化、多层次、多方面的精神文化需求。要加强促进共同富裕舆论引导，澄清各种模糊认识，防止急于求成和畏难情绪，为促进共同富裕提供良好舆论环境。

6. 促进农民农村共同富裕。促进共同富裕，最艰巨最繁重的任务仍然在农村。农村共同富裕工作要抓紧，但不宜像脱贫攻坚那样提出统一的量化指标。要巩固拓展脱贫攻坚成果，对易返贫致贫人口要加强监测、及早干预，对脱贫县要扶上马送一程，确保不发生规模性返贫和新的致贫。要全面推进乡村振兴，加快农业产业化，盘活农村资产，增加农民财产性收入，使更多农村居民勤劳致富。要加强农村基础设施和公共服务体系建设，改善农村人居环境。

第十一章
正确认识和把握资本的特性和行为规律

资本是一把"双刃剑"，在社会主义市场经济条件下，如何发挥资本的积极作用，抑制其消极作用，是我们党面临的一个重要课题。资本的本质特征，资本与其他财富形式最大的不同，就在于资本的逐利性，资本的特征和运动规律总是围绕"增殖"这一根本目标展开的。要正确把握资本的特征和行为规律，为资本设置"红绿灯"，依法加强对资本的有效监管，防止资本无序扩张和野蛮生长，发挥资本发展生产的作用，繁荣市场经济，推动我国经济高质量发展和综合国力不断增强。

2021 年中央经济工作会议指出：社会主义市场经济是一个伟大创造，社会主义市场经济中必然会有各种形态的资本，要发挥资本作为生产要素的积极作用，同时有效控制其消极作用。要为资本设置"红绿灯"，依法加强对资本的有效监管，防止资本无序扩张和野蛮生长。要支持和引导资本规范健康发展，坚持和完善社会主义基本经济制度，毫不动摇巩固和发展公有制经济，毫不动摇鼓励、支持、引导非公有制经济发展。那么，如何正确认识和把握资本的特性和行为规律成为发展社会主义市场经济必须处理好的重大理论和实践问题。

一、资本的本质和运动规律

马克思主义经典作家对资本的分析，主要基于其属性特征展开。马克思指出，资本增殖自身价值的要求规定为资本的生活本能是一种"抓住了与所有其他财富形式或（社会）生产发展方式相区别的资本的特征的一种抽象"[①]。马克思的论述表明，资本的本质特征，也就是资本与其他财富形式最大的不同，就是资本的逐利性。或者说，获取更多价值、实现价值增殖的属性。因此，追求增殖是资本的本质属性，也就是资本的本质特征，这是资本同其他财富形式和发展方式的

[①]　《马克思恩格斯全集》第 30 卷，人民出版社 1995 年版，第 440 页。

本质区别。

实现增殖是资本的本性，运动是资本实现增殖的过程和方式。资本的特征和运动规律，总是围绕"增殖"这一根本目标展开。那么，一个自然而然的问题是，资本的价值增殖源泉来自哪里？这个问题同时引出另一个问题：资本是如何实现增殖的？这正是马克思的经典著作《资本论》所关注的内容。在《资本论》第一卷中，马克思指出："原预付价值不仅在流通中保存下来，而且在流通中改变了自己的价值量，加上了一个剩余价值，或者说增殖了。正是这种运动使价值转化为资本。"[1] 他还指出："而资本只有一种生活本能，这就是增殖自身，创造剩余价值，用自己的不变部分即生产资料吮吸尽可能多的剩余劳动。资本是死劳动，它像吸血鬼一样，只有吮吸活劳动才有生命，吮吸的活劳动越多，它的生命就越旺盛。"[2] 马克思的表述清楚地揭示了两个结论。其一，资本的本性是增殖；其二，资本正是通过无偿占有工人创造的剩余价值来实现自身的增殖。这时，资本家只是"人格化的资本"。

在资本逐利、增殖的本质属性基础上，很容易理解资本的本质。关于资本的本质，马克思作了详尽而深刻的说明："资本不是物，而是一定的、社会的、属于一定历史社会形态的生产关系"[3]。这种生产关系与资本的增殖属性密切相关：为了实现增殖，必须不断通过将雇佣工人与机器结合，不断提高资本"吮吸"活劳动的效率，从而提高剩余价值率，无偿占有更多数量的剩余价值。从这个角度看，资本的本质还与剩余价值的概念密切相关，刻画了资本（家）与劳动（工人）

---

① 《马克思恩格斯文集》第 5 卷，人民出版社 2009 年版，第 176 页。

② 《马克思恩格斯文集》第 5 卷，人民出版社 2009 年版，第 269 页。

③ 《马克思恩格斯文集》第 7 卷，人民出版社 2009 年版，第 922 页。

之间的剥削与被剥削的关系。"资本不是物,而是附着在物上的生产关系"。对于这一观点,马克思还作了一些论证和补充:"同样的物,有时可以包括在资本的规定中,有时可以包括在另外的、对立的规定中,因此,它或者是资本,或者不是资本。可见,资本显然是关系,而且只能是生产关系"①。正是基于这样的分析逻辑,马克思创造性地系统阐发了劳动价值论和剩余价值理论,揭示了资本家剥削工人的秘密。从马克思的观点及论证看,资本就是一种剥削与被剥削的关系,这种关系是特定社会制度和历史阶段的产物。它因私有制和雇佣劳动产生,一定程度上促进了生产力的进步,也将随着生产力的进步导致资本主义社会内在矛盾的演进与激化,最终退出历史舞台,这就是资本的发展过程,也是资本主义社会的演进过程。资本的运动总是围绕其增殖的本性展开。通过运动实现增殖,这就是资本的运动规律。

马克思正确揭示资本的本质以前,资产阶级经济学对资本的理解充满为自身辩护的偏执和错误,产生了资本拜物教。资本的本质是生产关系,是在生产过程中形成的人与人之间的关系,只有在具体的劳动和生产活动中才得以体现出来。这时,资本往往以劳动过程中参与劳动的物的形式体现,包括劳动、机器、土地、货币、商品,等等。但无论是土地、货币还是劳动力,它们本身都不是资本,而是资本赖以附着的实体。没有这些"物",资本所刻画的生产关系就无法体现出来。资本的本质,只有靠外物才得以体现。但这些物,绝不是资本本身。换言之,资本是一个社会而非自然的范畴,具有社会属性。但这种生产关系,只有在对土地、货币等要素的使用过程中才得以体现出来。这种对要素的使用过程就是生产过程,也就是剩余价值的创造

---

① 《马克思恩格斯文集》第8卷,人民出版社2009年版,第168页。

过程。这正是马克思所描述的"资本不是物，而是一定的、社会的、属于一定历史社会形态的生产关系，后者体现在一个物上，并赋予这个物以独特的社会性质"①。资本刻画的生产关系，无法脱离物的本身而存在，这就为资本揭示的剥削关系蒙上了一层难以理解的"面纱"。给人以资本就是物本身的属性的错觉。货币产生利息、土地产生地租、劳动产生工资，似乎是自然而然的事情，人与人之间的关系被物与物之间的关系掩盖，从而无法探讨和发现资本增殖的真正秘密——剥削。真相被神秘化，形成了资本拜物教。马克思正是通过揭示出资本的本质，才阐发出对资本主义基本矛盾产生和演变的理解。

二、资本的生产力属性

除生产关系属性外，资本还具备生产力属性。资本增殖客观上要求资本家通过不断改进生产技术来提高个人劳动生产率，使它们生产的个人劳动时间低于社会必要劳动时间。只有这样，才能在激烈的市场竞争中赢得有限的市场，获得更多的剩余价值。这个过程，客观上带来了整个资本主义世界的技术进步与生产力的巨大解放，并推动社会进步。这意味着，资本本身具备解放和发展生产力的属性，这是由生产资料私有制、雇佣劳动和资本增殖的客观属性决定的。

根据《资本论》的表述，凝结在商品中的剩余价值来自产业工人体力和脑力的耗费。只有通过将商品售出，才能将剩余价值转化为货币，实现资本增殖。否则，不能售出的商品就变成产品，只具有使用

---

① 《马克思恩格斯文集》第 7 卷，人民出版社 2009 年版，第 922 页。

价值，不再具有价值。也就是说，资本增殖依赖于流通环节的流畅。正像马克思指出的那样，剩余价值不能从流通领域中产生，但又不能离开流通领域而产生。为了实现剩余价值和资本增殖，资本家必须通过竞争占领市场，售出商品。市场的有限性与资本增殖的无限性之间的矛盾对剩余价值的实现构成了挑战。为了在有限的市场中顺利实现剩余价值，资本家必须相互竞争。马克思指出："竞争不过是资本的内在本性，是作为许多资本彼此间的相互作用而表现出来并得到实现的资本的本质规定，不过是作为外在必然性表现出来的内在趋势。"① 资本家提高市场竞争力的手段之一是不断提高劳动生产率和资本的有机构成，使得自己生产商品的个人劳动时间低于社会必要劳动时间，从而获得更多的剩余价值。马克思指出："价值由劳动时间决定这同一规律，既会使采用新方法的资本家感觉到，他必须低于商品的社会价值来出售自己的商品，又会作为竞争的强制规律，迫使他的竞争者也采用新的生产方式。"② 这充分说明资本的生产力属性及其来源。可以说，资本家本无意于生产力的进步，但为了实现剩余价值，不得不改进生产技术。

另一方面，如果剩余价值不能实现，或者说，资本家在市场竞争中落败，丢掉了原有的市场份额，那么不仅剩余价值无法实现，原固定资本的投入也无法挽回，资本家就无法进行再生产，从而面临破产。破产的资本家将成为产业工人，由剥削者变成被剥削者，沦为社会底层。马克思指出："竞争迫使他不断扩大自己的资本来维持自己的资本，而他扩大资本只能靠累进的积累。"③

---

① 《马克思恩格斯文集》第 8 卷，人民出版社 2009 年版，第 95 页。
② 《马克思恩格斯文集》第 5 卷，人民出版社 2009 年版，第 370—371 页。
③ 《马克思恩格斯文集》第 5 卷，人民出版社 2009 年版，第 683 页。

从正反两个角度看，无论是资本增殖的主观愿望，还是迫于生存的被动竞争，资本家都必须不断更新技术设备，提高劳动生产率，客观上解放和发展了生产力。这表明，资本主义的生产力发展不过是资本家面对激烈的市场竞争时，为了获取市场利润、实现剩余价值的"副产品"。这就是资本推动技术进步和生产力解放的逻辑。

三、我国的发展离不开资本

根据党中央的判断，改革开放以来，我国的主要矛盾由"人民日益增长的物质文化需要同落后的社会生产之间的矛盾"转变为"人民日益增长的美好生活需要和不平衡不充分的发展之间的矛盾"。主要矛盾的转化，体现了生产力的进步；同时，主要矛盾的产生，从根本上来说，是生产力的落后所导致的。根据马克思主义关于社会矛盾的基本原理，必须牢牢抓住主要矛盾、聚焦解放和发展社会生产力，推动实现国家的发展和现代化，不断满足人民对美好生活的向往。

人类历史上，资本主义社会创造了前资本主义社会无法企及的巨大社会财富和社会生产力。马克思指出："资产阶级在它的不到一百年的阶级统治中所创造的生产力，比过去一切世代创造的全部生产力还要多，还要大。"[1] 这就使得落后国家通过借鉴资本主义乃至全人类的优秀文明成果来实现生产力的进步和社会发展成为可能。在《给维·伊·查苏利奇的复信》中，马克思阐释和肯定了落后国家不通过资本主义制度及其积累，而通过借鉴已有资本主义发展成果实现生产

---

[1] 《马克思恩格斯文集》第 2 卷，人民出版社 2009 年版，第 36 页。

力进步的想法，并把这种现象称作"不通过资本主义制度的卡夫丁峡谷"。也就是通过"占有资本主义制度所创造的一切积极成果"，从而在非资本主义制度下实现生产力的迅速飞跃，在理论上是完全可能的。对于上述发展逻辑，马克思这样评价："能够成为现代社会所趋向的那种经济制度的直接出发点，不必自杀就可以获得新的生命"[①]。

这无疑给落后的社会主义国家提供了发展思路上的启发。根据《资本论》的分析，资本主义之所以取得快速科技进步、生产力水平提高和社会发展，秘诀在于生产资料私有制度下的雇佣劳动以及在其中扮演重要角色的资本要素。正是在市场经济的制度环境下，资本将劳动、土地等生产要素"粘合"起来。利益的诱惑和激烈的市场竞争客观上激励资本家改进生产技术、优化经营管理、提高生产效率，不断推动生产力进步。从生产发展的角度看，资本和市场的制度安排，无疑是资本主义制度下的"优秀文明成果"。在发展水平相对落后的社会主义国家，有必要借助私有资本和国外资本等非公经济激发各利益主体的市场积极性，促进市场竞争，不断完善、发展本国市场经济体制，推动生产力进步和经济增长。

中国特色社会主义市场经济，本质上来说应当是而且仍然是市场经济。根据经济增长理论，只有建设和完善市场经济体制，才能深化与先进资本主义国家的广泛交流与合作，进而吸收资本主义世界中一切对我国发展有利的先进文明成果，不断推动社会进步和实现社会主义国家的发展和壮大。这个逻辑下，在社会主义中国，引入市场经济制度与私有、外资等非公资本加以利用，是发展生产的重要渠道。随着生产关系的调整及改革的不断深入，我国"公有制为主体、多种所

---

① 《马克思恩格斯文集》第3卷，人民出版社2009年版，第576页。

有制经济共同发展"的基本经济制度不断完善，个体、私营、外资等非公有制经济蓬勃发展，为我国的经济建设作出重大贡献，构成了我国社会主义市场经济的重要组成部分。可以说，改革开放以来，中国经济的发展过程，就是中国特色社会主义市场经济不断壮大的过程，也是非公资本不断成长发展的过程。

当然，上述分析无法全面概括资本的运动规律和影响作用。马克思主义政治经济学最重要的学理价值，就是从资本的角度全面阐释和论证私有制度和"纯粹"市场的利弊。私有制下，资本的无序扩张和盲目竞争将导致周期性的经济危机，从而引发社会矛盾与社会混乱。在我国经济实践中，资本同样出现野蛮生长和无序扩张的迹象，并产生一定负面影响。从而，一个必须予以回应的问题是，对于资本的积极和消极影响，必须在认识上全面把握，辩证看待，在实践中注意扬弃。

四、必须加强对资本的监管制约

作为一种生产要素，正是因逐利和增殖的属性，资本同时具备刻画生产关系和发展生产力的属性特征。改革开放以来，我国社会主义市场经济制度逐渐建立、完善，其中存在着不同种类的资本，这是我国作为社会主义国家的伟大创造。资本的逐利运动，不断带动生产力的解放和发展，推动中国经济取得新成就。然而，必须指出，资本的逐利性是一把"双刃剑"，既有发展生产、推动社会进步的积极因素，也对社会的发展存在若干消极影响。这一点，马克思在《资本论》中作了形象而深刻的评论："资本害怕没有利润或利润太少，就像自然界害怕真空一样。一旦有适当的利润，资本就胆大起来。如果有10%的利润，它就保证到处被使用；有20%的利润，它就活跃起来；有50%的利润，它就铤而走险；为了100%的利润，它就敢践踏一切人间法律；有300%的利润，它就敢犯任何罪行，甚至冒绞首的危险。"① 尽管马克思的论述是针对当时资本主义社会中的资本家，但资本的本质属性与其所处的社会制度无关，只要存在资本，就存在增殖和逐利的本能。从这个角度看，马克思关于资本的论断，在新时代中国特色社会主义市场经济体制下，主体思想仍然适用，核心逻辑仍然成立，具有现实意义。

　　资本无序扩张导致的严重后果，马克思在《资本论》中早有论述。唯物论和辩证法指出，任何事物的变化都存在两种基本形式，即量变和质变。前者表现为事物在数量上的增加或减少，是一种连续的、不显著的变化，后者是事物根本性质的变化，是渐进过程的中断，是由一种质的形态向另一种质的形态的跳跃式突变。就资本而言，一定范围内，资本的扩张有助于社会生产力的发展和进步。资本的扩张意味着对剩余价值的占有。随着资本数量的不断扩张，如不加以干预，社会将不断分化，产生贫富差距，导致并不断激化社会矛盾。如果产出商品的数量超过消费者的消费能力，那么就将产生相对生产过剩。普遍性的社会生产过剩，最终将带来整个社会的经济危机，造成大量的企业倒闭、工人失业、产品滞销、生产力大幅萎缩。可以说，没有监管和制约的资本将吞噬和毁灭自身。根植于资本主义制度的周期性经济危机，就是在经济领域，资本无序扩张和野蛮生长严重后果的最好证明。

---

　　①　马克思：《资本论》第1卷，人民出版社2004年版，第871页。

需要指出，资本无序扩张和野蛮生长，所造成的消极后果并不限于经济领域。且相关规律也不仅限于资本主义社会。根本上说，这些负面影响来自资本的增殖属性，也就是资本的本质属性。只要存在资本，且不加以监管和制约，就难以避免。从这个角度看，资本的无序扩张和野蛮生长所造成的消极后果和负面影响，在社会主义市场经济中，同样可能发生。

在经济领域，我国近期热门的"平台经济"，就是很好的例子。为了赚取更多的市场利润，资本无序扩张形成平台垄断，互联网平台滥用市场支配地位，强迫平台内商家"二选一"，禁止平台内商家参与与本平台构成竞争关系的其他平台的商业活动，以维持其市场支配力。平台垄断滥用市场支配力限制竞争，损害了消费者利益，不利于平台经济和中小企业的长期健康发展。在文化领域，因利益驱动，资本无序扩张、野蛮生长，"唯流量论"盛行，形成"饭圈"文化、"娘炮形象"等不良现象。部分无知、无德和行为失范艺人被资本过度包装为"网红"，挑战社会主义核心价值观和道德底线。部分艺人背离公序良俗、触犯法律法规，恶化了文化产业的发展环境，损害了社会主义精神文明建设。在民生方面，资本助推"长租公寓"，产生"二手房东"等垄断房源、坐地起价的现象，年轻人面临"租不起房"的重压。除此之外，利益驱动下，资本涌入教培行业，校外培训机构遍地开花，造成了以"经济水平分配教育资源"的后果，不仅使得年轻的父母背上沉重的补习负担，同时挑战教育公平，不利于社会稳定。甚至面对"菜篮子"等民生命脉，资本也都虎视眈眈。除此之外，资本野蛮生长和无序扩张还导致贫富差距，加剧社会矛盾和影响社会稳定；大肆采掘自然资源和排放污染物，导致环境污染；或于食品中添加非法添加剂，危害公共安全；等等。总之，资本的野蛮生长和无序扩张已经产生消极影响。必须指出，资本野蛮生长和无序扩张的负面作用，同样是由资本的本质属性——增殖和逐利的特性所引致的。这就为我们全面认识和辩证把握资本提出了条件。

五、正确把握资本的特征和运行规律

资本的本质属性是逐利和增殖。无论是发展生产的积极作用，还是引致违规失范乃至触及法律的消极影响，都源于资本的本质属性。根据马克思主义的基本观点，面对资本，应当辩证看待、全面把握。

一方面，资本有历史进步性，集中体现在对生产力的发展和促进方面。改革开放以来，我国正是通过建立中国特色社会主义市场经济体制，坚持"公有制为主体、多种所有制经济共同发展"的基本经济制度，充分利用国内外非公资本，驱动经济不断增长。当下，我国仍处于社会主义初级阶段。人民日益增长的美好生活需要和不平衡不充分的发展之间的矛盾，客观上要求我们必须不断推动解放和发展生产力，增强综合国力。只有这样，才能为实现人民对美好生活的向往打下坚实的物质基础。这就需要我们充分利用市场和资本来进一步优化资源配置、改进经济效率，实现生产发展和推动经济不断进步。如只看到资本的消极作用，一味限制资本发展，就不利于通过解放和发展生产力解决社会矛盾。

另一方面，资本逐利导致其具有无序扩张的趋势。这种对利润的无限追逐具有绝对性，如不加以规范、引导和制约，必然产生与社会主义国家现有的法律体系和道德规范的冲突，带来市场垄断和盲目竞争等消极影响，不利于经济长期健康稳定发展和人民对美好生活向往的实现，甚至可能损害党对经济工作的集中统一领导从而侵蚀党的执政基础。因此，只看到资本作为生产要素和发展生产力的积极方面，崇尚市场和资本至上，不通过设置法律和规章制度规范、制约资本的运行，同样不利于经济社会的健康发展。

2021年中央经济工作会议指出，要发挥资本作为生产要素的积极作用，同时有效控制其消极作用。这是马克思主义关于资本理论中国化的最新成果和党的经济治理思想的重要创新，是新时代中国对资本的最全面认识、最深刻判断和最准确把握。相关论断与我国"坚持公有制为主体、多种所有制经济共同发展"的基本经济制度一脉相承，是党的十九大提出的"毫不动摇巩固和发展公有制经济，毫不动摇鼓励、支持、引导非公有制经济发展"的内在要求。简单来说，就是要为资本设置"红绿灯"，依法加强对资本的有效监管，防止资本无序扩张和野蛮生长。

为资本设置"红绿灯"，需要坚持完善我国社会主义基本经济制度。坚持公有制为主体、多种所有制经济共同发展，是我国作为社会主义国家确定的基本经济制度。前文已经说明，根据马克思主义政治经济学的基本原理，市场主体为了实现剩余价值，面临强制性的市场竞争。缺少市场竞争力的产品和企业，不仅无法实现资本的增殖和扩大再生产，还将被淘汰出局。正是这个原因，倒逼资本家不断更新技术、扩大生产，以提高自身的市场竞争力。这就使得企业在生产和经营过程中不可避免存在自发、盲目和短视的弊端，这是资本主义世界周期性经济危机的制度根源。我国坚持公有制为主体，坚持公有资产在社会总资产中占优势，坚持国有经济控制国民经济命脉，国有经济对经济发展起主导作用。通过做大、做强国有经济，加强党对经济工作的集中统一领导，进一步促进、强化社会化大生产，解放和发展生产力。通过国有经济在关系国民经济命脉的重要行业和关键领域占支配地位，有力有效支撑、引导和带动社会经济的发展。这样，就在一定程度上为党和政府干预经济、逆经济周期调节、克服无政府市场主义短板提供了途径和抓手，不仅能够有效克服市场的自发、盲目和短视，同时能够实现对非公资本无序扩张的影响和制约。

　　为资本设置"红绿灯"还需要通过完善法律和法制建设推进建成统一开放、竞争有序、制度完备、治理完善的高标准市场体系。"法无禁止皆可为"是现代国家治理的基本原则之一，法律条文是经济活动的合法性依据，也是经济活动公平有序的前提，从而是市场活动和经济效率的保障。完善的法律规章是"红绿灯"在经济活动中的具体化和主要表现。资本在哪些领域可以运动并受到法律保护，在哪些领域不得进入、违反将受到惩戒，都必须在明确的法律中得到体现。市场规则的公平性同样是"红绿灯"高效率运转的前提：如无公平的竞争机制，必然损害资本市场的治理效率，不利于政府通过设置"红绿灯"实现对资本的利用和监管。只有在明晰产权、破除壁垒、完善基础设施建设和具备权威性、前瞻性的市场监管体系的前提之下，才能通过设置"红绿灯"实现对资本的取利去弊。这些都是建设高标准市场体系的题中应有之义。建设高标准市场体系，无疑将激励市场主体通过诚实劳动和合法经营实现价值增殖，进一步发挥资本发展生产的作用，繁荣市场经济，推动我国经济高质量发展和综合国力不断增强，不断实现人民对美好生活的向往。

第十二章
正确认识和把握初级产品供给保障

　　初级产品供给保障是国民经济健康运行的基础，是确保国内大循环畅通无阻的关键因素。我国初级产品供给正处于由"积极参与进出口贸易"阶段向"优化供给体系与结构"阶段转变的过程，初级产品供给保障仍然面临包括全球生产体系出现裂痕、对外依存度过高以及供应链不确定因素增加等在内的风险和挑战，必须正确认识和把握初级产品供给保障，明确坚持节约优先、增强自主供应能力和加强资源的全球协调利用，夯实初级产品供给的安全基石。

2021 年中央经济工作会议提出，进入新发展阶段，我国发展内外环境发生深刻变化，需要正确认识和把握新的重大理论和实践问题。其中一个重要方面就是"正确认识和把握初级产品供给保障"。我国作为最大的发展中国家，无论是国内消费市场还是国际出口需要，都对初级产品具有大量的需求。因此，保障初级产品供给具有战略上的重要意义，关乎国家经济命脉；正确认识和把握初级产品供给保障是满足我国经济发展新要求的重要课题，是推动供给侧结构性改革的新要求。

一、确保初级产品稳定供应的重大意义

习近平总书记强调，保障好初级产品供给是一个重大战略性问题，中国人的饭碗任何时候都要牢牢端在自己手中，饭碗主要装中国粮。无论从满足人民对美好生活的需要、实现第二个百年奋斗目标出发，还是从中国作为工业门类全球最全、工业增加值全球最高的"世界工厂"出发，我国对初级产品的需求尚处于持续上升期，因此必须牢牢抓住保障初级产品供给这条经济发展的底线。正确认识和把握初级产品供给保障，首先要明确确保初级产品稳定供应对保障民生、经济增长、对外贸易等各方面的重大意义。

（一）提供基础产品，保障基本民生

初级产品，又称原始产品，指人们通过劳动，直接从自然界获得的、尚待进一步加工或已经简单加工的产品。国际市场常见的初级产品包括"能源"和"非能源"两大类。"非能源"又细分为农产品、原材料、化肥、金属和矿产等多个种类，人们熟悉的花生、大豆、棕榈油，玉米、小麦、大米，香蕉、橘子、糖，以及木材、铁矿石、铜铝等，都在初级产品之列。2021年，我国粮食产量13657亿斤、原油产量近2亿吨、原煤产量41.3亿吨、天然气产量2075.8亿立方米，初级产品产量巨大。但我国是14亿多人口的大国，2021年最终消费支出对经济增长贡献率为65.4%，拉动GDP增长5.3个百分点，人均GDP达到1.25万美元，意味着国内对初级产品的需求规模极为庞大。因此，目前仅依赖国内资源仍难以满足我国对初级产品的需求，部分商品还有赖于国际市场供应，甚至某些初级产品的进口依存度超过80%。由此可见，确保初级产品稳定供应尤其是初级农产品的供给是保障基本民生的坚实基础。

（二）支撑工业发展，推动经济增长

以农产品、能源、矿产为代表的初级产品，是支撑我国经济运行的基石。除了很多农产品类初级产品是人们日常生活饮食的直接来源，更大层面上，初级产品无一例外是工业生产不可或缺的基础原材料，是整个经济最为基础的部分。在社会生产体系中，初级产品处于社会生产的前端，为整个经济的运行提供能源、原材料和生活必需品，是社会生产的基础和前提。就此而论，"初级产品供给保障"所牵涉的不仅仅是人们通常理解的饮食"饭碗"，还关系到整个国家工业生产的原材料"饭碗"。作为整个经济最为基础的部分，初级产品供给保障能力强不强、水平高不高，直接决定着一国经济发展的成色、韧性和抗冲击能力。由于食品、饮料、矿物燃料、油脂等初级产品供给增长的有限性和需求的低弹性，其生产和贸易对国家经济安全的影响非常大，保障初级产品供给是关乎国家经济命脉的重大国家安全新课题。确保初级产品稳定供应是将经济发展主动权牢牢掌握在自己手里的重要手段，有利于推动我国经济增长。

（三）塑造竞争优势，助力对外贸易

根据产品附加值的高低，一国的出口商品可以分为初级产品和工业制成品。同制成品贸易相比，初级产品贸易在全球贸易中所占比重较小。由于发达国家的工业和城市的迅速发展引起了对矿物原料、农业原料和农产品需求的不断增加，导致大多数发展中国家不得不利用本国丰富的自然资源条件，发展农产品和矿产品的出口，即初级产品出口战略。然而初级产品出口战略对促进经济发展的作用是有限的。为出口而发展起来的初级产品生产部门，往往只是落后国家经济发展中的一块"飞地"，并没有与本国的国民经济融为一体，也就不可能带动其他部门取得实质性的发展，反而会形成或加剧畸形的经济与价格结构。发展中国家一般是初级产品的净出口国，发达国家一般是初级产品的净进口国。由于中国是世界上最大的发展中国家，同时具有初级产品出口大国以及初级产品进口大国的经济地位。因此，确保初级产品稳定供应可以增强国家应对国际初级产品市场价格波动风险的能力，同时能够塑造全新的竞争优势，在国际贸易中掌握更多的话语权。

二、我国初级产品供给保障的演进历程

新中国成立以来，我国初级产品供给保障体系经历了深刻的变化，通过分析农产品、能源产品、矿产在内的部分初级产品的生产与供给情况，可以发现我国大部分初级产品供给经历了"依赖国内生产与开发"的阶段，正处于由"积极参与进出口贸易"阶段向"优化供给体系与结构"阶段转变的过程。

（一）依赖国内生产与开发

1949年，我国的粮食总产量仅有11318万吨，人均粮食占有量也较低，1952年，我国粮食年人均占有量仅有576斤。农村改革之初，口粮食物短缺是当时亟须解决的重大问题，农业生产仍以大宗主要粮食生产为主，"以粮为纲"的政策口号深入人心并影响着农民的农业生产决策。1981—1986年的中央一号文件基本都贯彻着"决不放松粮食生产、积极发展多种经营的方针"，提出"将本来不宜于种粮食，而适宜种其他作物的耕地逐步改为合理种植；在适宜的地区，发展国家急需的原料如棉花、糖料等生产"。在这一阶段，初级农产品的供给保障服务于"以粮为纲"，主要来源于国内农业生产。

由于新中国成立初期受到西方国家的各种制裁和限运，使得我国必须依靠大量的开发和生产来为经济发展提供能源保障。在"自力更生、自给自足"方针的指导下，中国的能源开发工作取得了举世瞩目的成绩。1950年，中国能源生产总量仅为0.3亿吨标准煤，其中煤炭产量约占96.7%，原油约占0.9%；到1980年，能源生产总量达到了6.4亿吨标准煤，增加近20倍，其中煤炭产量约占69.4%，原油

约占 23.8%。中国能源生产先是盲目扩张后又遭到严重破坏，但自给自足的能源开发政策始终没有改变，能源生产基本能够满足国内能源需求。

20 世纪 50 年代到 70 年代，是中国矿产资源工业的黄金时代。在计划经济体制下，通过不懈地勘查和开发，发现了一大批矿产资源，为中国工业体系的建立提供了保障，例如攀枝花超大型钒钛磁铁矿的发现，铁矿会战发现了一大批铁矿，建立了中国钢铁工业体系。1978 年，我国原煤产量达 6.1786 亿吨，为 1949 年的 19 倍；原油产量达 10405 万吨，为 1949 年的 867 倍；铁矿石产量达 11779 万吨，为 1949 年的 199 倍；十种有色金属产量达 95.24 万吨，为 1949 年的 73.26 倍；黄金产量达 19.673 吨，为 1949 年的 4.8 倍；化肥产量达 869.3 万吨，为 1949 年的 1448 倍；原盐产量达 1952.5 万吨，为 1949 年的 6.5 倍。在这一阶段，中国矿产资源的供给同样主要来源于国内勘查与开发。

（二）积极参与进出口贸易

1998 年底，国家作出了农业和农村经济发展进入新阶段的重大判断，认为我国主要农产品供给已由长期短缺变成总量平衡、丰年有余。在这一阶段，初级农产品的生产与供给发生了转变，短缺的初级农产品逐渐依赖进口，盈余的初级农产品逐渐向外出口。中国农产品在世界农产品贸易中的地位逐步提高，占世界农产品贸易额的比重由 1985 年的 1.3% 增长至 2015 年的 6.6%，其中进口和出口所占的比重分别从 1.8%、0.8% 增长至 8.2% 和 5.2%。2017 年，中国农产品进口规模已超越欧盟，成为世界最大的进口国，出口位居欧盟、美国、巴西之后，列全球第四位。通过积极参与国际贸易，农产品进出口增长很快，尽管农业生产布局更加科学合理，但仍然存在供需矛盾突出的问题。

从改革开放到"十五"期末，中国能源政策的核心是调整能源供给和消费结构，构建一个既能够保障国民经济快速发展，又能够维护全球能源安全的多元能源供应体系。自1993年开始，中国能源及相关产品进口额超过出口额，成为能源净进口国，这与当时中国石油资源贸易形势基本保持一致。进入21世纪，能源进口额快速增长，截至2011年底，中国能源及相关产品进口额增至2757.76亿美元。2009年，中国煤炭进出口出现历史性拐点，从煤炭净出口国变为净进口国；2011年，煤炭进口量为1.82亿吨，对外依存度为4.5%；2013年，煤炭进口量为3.2亿吨，对外依存度增加到8%。改革开放以来，中国在能源开发与供给战略上也积极参与国际合作，扩大进口、充分利用国外能源资源。

市场经济体制确立后，国家勘查投入减少，而社会勘查投入尚未跟上，致使20世纪90年代矿产资源勘查陷入了历史低谷，根据国家对外开放的方针，中国矿业走上了对外开放的大道。中国地质调查局从1999年组建就加强了到国外风险勘探和购买矿山的工作。"十五"期间，我国铁矿石进口量从2001年的9231万吨增加到2005年的2.75亿吨，增加了1.8亿吨，增长200%。据海关统计，2005年我国铬矿进口总量为302万吨，2006年为432万吨，2007年为609.03万吨。在这一阶段，矿产资源的勘查与开发也积极参与国际市场竞争，实施了"走出去"与"引进来"的战略。

（三）优化供给体系与结构

习近平总书记指出，新形势下，农业主要矛盾已经由总量不足转变为结构性矛盾，推进农业供给侧结构性改革，提高农业综合效益和竞争力，是当前和今后一个时期我国农业政策改革和完善的主要方向。近年来的中央农村工作会议均强调，要着力加强农业供给侧结构性改革，提高农业供给体系质量和效率，使农产品供给数量充足、品种和质量契合消费者需要，真正形成结构合理、保障有力的农产品有效供给。在这一阶段，农业资源要素配置会更加合理，农业发展的质量效益和竞争力需要新提升，初级农产品供给将更加符合我国市场需要，实现"消除无效供给，增加有效供给，减少低端供给，拓展高端供给"。

面对经济增长对能源资源特别是对石油的需求日益增大以及能源利用效率不高两方面的问题，中国确立了"节约优先、立足国内、多元发展，加强国际互利合作，构筑稳定、经济、清洁的能源体系，以能源的可持续发展支持经济社会的可持续发展"的指导方针。进入21世纪以来，中国不断寻求能源品种和来源多元化、维护和平的能源通道，以满足不断增长的能源需求。"一带一路"倡议开辟了陆上能源之路，沿线的中亚各国都是重要油气生产国，降低了能源进口安全风险，有利于实现开放条件下的国家能源安全。此外，能源供给的变化还体现在改变现有的能源结构上，从以煤炭、石油、天然气等不可再生能源为主的能源结构转变成以可再生能源、清洁能源为主的能源结构，增加新能源和可再生能源的比例。

为落实国家区域发展总体战略和主体功能区战略，矿产资源开发构建区域资源优势互补、勘查开发定位清晰、资源环境协调发展的空间格局。以铁、锰、铜、铝、镍、铅、锌、钨、锡、锑、金、银等为重点，在资源条件好、环境承载力强、配套设施齐全、区位优势明显的地区，集中建设具有市场竞争力的大中型矿山，稳定国内有效供给水平。保障资源基础好、市场潜力大、具有国际市场竞争力的稀土、稀有、稀散、石墨、锂等战略性新兴产业矿产的供应。合理开发与有效保护加强稀土、钨等矿产宏观调控，促进优势战略矿种产业结构优化升级。在这一阶段，我国矿产资源供给将构建统一衔接、功能互补、相互协调的规划分区管理体系，明确政策导向，优化资源开发空间格局。

三、当前初级产品供给保障面临的主要风险挑战

习近平总书记指出："当前和今后一个时期是我国各类矛盾和风险易发期，各种可以预见和难以预见的风险因素明显增多。我们必须坚持统筹发展和安全，增强机遇意识和风险意识，树立底线思维，把困难估计得更充分一些，把风险思考得更深入一些，注重堵漏洞、强弱项，下好先手棋、打好主动仗，有效防范化解各类风险挑战，确保社会主义现代化事业顺利推进。"[1] 因此，正确认识和把握初级产品供给保障这个重要问题，必须明确当前初级产品供给保障面临的主要风险挑战，始终保持高度警惕，既要高度警惕"黑天鹅"事件，也要防范"灰犀牛"事件。

（一）初级产品全球化生产体系出现裂痕

在原有全球化生产体系中，发达国家凭借资本和技术优势处于产业链顶层，消费其他国家产成品的同时对外输出资本和技术；发展中

---

① 《中共中央关于制定国民经济和社会发展第十四个五年规划和二〇三五年远景目标的建议》，人民出版社 2020 年版，第 55—56 页。

国家凭借劳动力和其他要素成本较低的优势处于产业链中游，主要负责生产工作。但这样的生产体系在运行了几十年后出现了一些问题，主要表现在逆全球化趋势加剧、发达国家自身问题突出以及发展中国家产业链外移加速等方面。

1. 逆全球化趋势加剧。当今的全球化进程中产生了许多严重的问题尤其是社会问题，特别是新冠肺炎疫情发生以来，全球多个资源生产国的初级产品供给均受疫情影响出现了不同程度的问题，叠加发达国家财政赤字货币化影响，很多大宗商品正常供给出现了问题，大宗商品也出现了一轮大幅度的涨价，这给我国工业企业正常生产带来了较大的影响。更进一步，很多资源生产国也开始重视环境保护和初级产品供给问题，如果未来逆全球化情绪进一步加剧，这些我国对外依存度较大的初级产品很可能成为新的"卡脖子"问题，进而关乎到我国的经济安全。

2. 发达国家自身问题突出。发达国家对外贸易商品结构是以进口初级产品为主，出口工业制成品为主。全球化虽然让发达国家可以消费发展中国家所生产的廉价商品，保持自身通胀几十年都不高增长，自身只发展其优势的金融、设计、芯片、汽车等附加值高的产业。但随之而来的却是产业空心化问题，由于制造业外迁，高附加值行业不能充分吸纳就业，更多人的就业集中于普通服务业，使普通服务业劳动力供给较大，工资水平很难提升，慢慢造成了社会贫富差距加大和两极分化的严重问题。

3. 发展中国家产业链外移加速。当前和未来一段时期，全球初级产品产业链与供应链依然处在恢复和重塑阶段，国际初级产品价格仍将存在剧烈变化的不确定性。疫情导致中国出口企业的短期供给存在巨大缺口，且目前供应前景存在着较大的不确定性。海外客户和外商投资企业可能会寻求来自中国以外的供应商进行替代，从而诱发我国部分产业、部分地区的订单损失，可能造成产业链对外转移的"黑天鹅"事件。

（二）部分初级产品对外依赖度高

从供给来看，初级产品在全球分布并不均衡，供求关系具有明显的结构性特征，供给国主要是发展中国家和一些发达国家，部分能源和矿石供给相对集中于某些地区和少数国家。从需求来看，我国仍需要相当数量和规模的初级产品，部分能源矿石产品的消费量占国际贸易量的比重较大，个别初级产品存在外采率较高且海外供给来源相对单一问题，在安全稳定供应方面存在一定压力和风险。

1. 对外依存度高。中国对初级产品的进口依存度不断加深，因此遭受外生性冲击的可能性以及冲击可能造成的破坏程度也相应增大。

近年来，我国农产品贸易逆差持续增长，2020 年农产品贸易逆差与 2015 年相比几近翻倍，对外依存度高。日益多元的农产品需求与国内传统的农业生产矛盾凸显，逐渐由总量的供给不足转变为产品结构不匹配。大豆是我国对外依存度最高的农产品之一，进口量占消费量的比重高达 90%，其中，美国、巴西、阿根廷是我国大豆的主要进口国，分别占我国大豆进口总量的 18%、60%、9%，合计占比 87%。根据海关总署数据，2021 年，中国粮食进口量相比同期增加了 2527.3 万吨。这背后是谷物进口激增、大豆进口下降。2021 年我国大豆的需求量在 1.1 亿吨左右，年产量却只有 1640 万吨，约 88% 的大豆都依赖进口。

初级能源产品领域，我国是世界上最大的能源进口国。我国能源对外依存度一直居高不下并且逐年递增：2015 年 60%，2016 年 65%，

2017 年 67.4%，2018 年 69.8%，2019 年 70.8%，2020 年高达 73.6%。连年递增的对外依存度是国家发展中的一处软肋，国外稍有风吹草动就会对国家能源安全造成威胁。2021 年原油进口量和对外依存度均为 2001 年以来首降，这对中国来说是历史性的突破。但不可否认的是，我国的对外依存度还是偏高，根据以往的数据，能源依存度超过 50%，就已经破了警戒线，如今只是小幅下降，尚未突破 70%，距离警戒线以下尚需时间。

矿产资源方面，随着新一代信息技术、高端装备制造等新兴产业的快速发展，我国矿石资源供给面临诸多问题，战略性矿产资源需求急剧增长，但供给不足，特别是一些用量相对较小的战略性矿产，仍面临着对外依存度和进口集中度较高的问题。目前，铁矿、铜矿、锰矿、镍矿对外依存度均超过 80%，铬矿接近 100%，铝土矿超过 50%。我国 80% 的钴和 70% 的锂、镍资源都依赖进口，且资源分布呈现寡头垄断特征。

2. 定价话语权弱。全球初级产品市场的结构是卖方寡头垄断市场。该市场具有两种价格形成机制：一是由著名交易所的标准期货合约定价，二是由供应商和买方定期通过谈判定价。中国企业在这两种价格形成机制中都处于弱势地位。

初级农产品中大豆多年来一直大量依赖进口，大豆产业丧失主导权，国内对大豆价格的影响比较微弱。中国对大豆的定价权在经历了两次大豆危机后逐渐旁落，逐步形成了"南美种植大豆，美国决定大豆价格，中国购买大豆"的畸形格局。与国际大型粮商相比，中国大豆企业规模太小，也导致了在谈判时没有太多的话语权，只能成为大豆价格的被动接受者。

能源国际定价权是指一国拥有的制定石油、天然气、煤炭等能源价格的权力，这种定价能力可以通过该国在某种能源市场的影响力体现出来。虽然我国在国际能源贸易中扮演着"超级买家"的重要角色，但是在现有国际定价规则下，我国严重缺失能源国际定价权，以致于一直处于被动贸易地位，经济损失巨大。

铁矿石、铜精矿等紧缺初级产品供应严重不足，形势不容乐观。中国是全球最大的铁矿石消费国和进口国，但由于上游铁矿石供给高度集中，且钢铁产能较为分散，在铁矿石贸易中，中国长期缺乏与消费地位相匹配的定价权。我国部分矿产资源储量家底薄弱，矿业市场体系建设滞后，矿业企业进入国际市场较晚，矿产品交易定价机制多处于跟随阶段，定价话语权弱。

（三）初级产品供应链不确定因素增加

当前，百年变局加速演进，新冠肺炎疫情仍在蔓延，国际局势动荡不安，外部环境更趋复杂严峻和不确定，农产品、能源、矿产等初级产品的供给紊乱和短缺问题值得高度警惕。

1.疫情形势不断反复。疫情对初级产品影响初期更多体现为需求冲击，随着发达国家需求回升，而部分新兴市场国家疫情仍在持续，初级产品面临的供给面约束更加凸显。疫情发生后，初级产品进口价格大幅下滑；进口量增速在疫情初期加快，2021年下半年增速逐步回落。目前随着全球需求回升，供给面约束可能加剧了初级产品价格上涨。截至2021年四季度，按照广义经济分类，非耐用消费品、运输设备零附件等类别商品进口价格上涨、进口量下跌，运输设备零附件商品中，飞机涡轮发动机零件和汽车内燃发动机零件自疫情以来进口价格上涨、进口量下降较为明显，可能受到供给面冲击。

2. 国际局势风云变幻。俄乌冲突迅即引发全球金融市场动荡，大宗商品价格骤升，中国经济虽没有遭受直接冲击，但面临一些潜在风险和挑战。鉴于俄罗斯和乌克兰在全球能源和农产品供应中的特殊地位，双方的冲突短期内仍然影响到了市场的供给，全球大宗商品价格分化明显，能源、粮食和贵金属价格大幅上涨，这也给我国初级产品的供给保障带来了风险。随后，美欧对俄罗斯的"毁灭性制裁"，给俄罗斯经济、世界金融市场、能源、粮食、半导体芯片、汽车等供应链带来重大冲击。随着俄乌战事、国际社会的反应、俄乌谈判和美欧对俄制裁情况的不断发展和变化，世界市场随之反复震荡。

3. 关键初级产品稀缺。由于主要大国争夺关键资源能源、确保安全供应及主导能源结构转型的博弈不断升级，全球初级产品的供求仍将处于严重失衡状态，初级产品价格波动风险和可获得性风险将更加凸显。一方面，初级产品价格波动对出口国和进口国产生了不对称影响。尤其是对于进口国，初级产品价格上升会影响国内原材料的投入成本，进而对其通货膨胀率、进出口贸易、本币汇率和国际收支等产生不利影响。而出口国的资源民族主义抬头，可能进一步抬升关键初级产品的稀缺性。另一方面，低碳发展对初级产品供求关系带来的影响也不容忽视。随着低碳经济的快速发展，铜、镍、钴、锂、稀土等稀有金属的需求将大幅上升，大国对稀有资源的争夺将进一步加剧。

四、做好初级产品供给保障工作的主要抓手

当前，世纪疫情交织百年变局，国际初级产品供应的不确定性、不稳定性进一步增强。特别是 2021 年以来，部分国际大宗商品供给

紧张、价格上涨，对我国经济持续稳定恢复和产业正常运转造成不小压力，也更加凸显了初级产品的稀缺性和重要性。因此，无论是保障产业链供应链稳定、缓解实体经济成本压力，还是统筹发展和安全、不断做强经济基础，都要求我们务必做好初级产品供给保障。做好初级产品供给保障工作的主要抓手是坚持节约优先、提高自主生产供给能力以及深化资源国际合作。

（一）坚持节约优先

初级产品是最基础的资源，只有坚持节约优先，取之有度、用之有节，才能减少资源浪费、提高使用效率。中国作为一个经济快速发展的大国，初级产品消耗大，须把节约提效放在更突出的战略位置，在各领域全面推进资源节约战略。我国要加快推行节约型社会、发展循环型经济。宏观调控上，加强对高耗能、高污染、产能过剩的产业实施结构性调整，减少对进口初级产品的依赖程度，最终达到优化国内资源的战略目的。努力推动经济增长方式向集约型转变，在工业化前提下加快城市化发展，引导资源的集约化使用，提高初级产品的使用效率，引导我国经济走上主要依靠内需和资源集约化消耗的增长道路。中国长期以来实行的粗放型经济发展方式使得投资成为拉动经济发展的动力，对原材料的高消耗加剧了中国原材料的供应紧张状况。

1.重视初级产品生产领域节约行为。农业生产过程不同于一般的生产过程，种植业生产周期长，影响因素较多，不利因素经常发生。相对于能源产品以及矿产资源，初级农产品在生产领域的节约效果更加明显。在初级农产品生产过程中，应大力推广节地、节水、节种、节肥、节药、节能等技术；通过完善主要粮食作物品种审定标准，突出高产高效、多抗广适、低损收获的品种特性；着力减少田间地头收获损耗，推进粮食精细收获，强化农机、农艺、品种集成配套，制定修订水稻、玉米、小麦、大豆减损技术指导规范，引导农户适时择机收获；鼓励地方提升应急抢种抢收装备和应急服务供给能力。在节约资源、保护环境的前提下，实现农业更快更好的发展；在保障农产品供给安全的前提下，改善和保护农村生态环境。

在工业生产方面，要把节能方案落到实处，提升节能技术，以节约要求梳理生产工艺，用环保技术改造高耗能生产工艺，实现生产领域低碳节能。以煤炭为例，要支持煤炭深度加工、对路消费和高效利用，推广应用煤炭清洁高效低碳利用的新技术、新工艺，减少煤炭资源浪费，有效控制碳排放，提高煤炭开发利用效率。要狠抓绿色低碳技术攻关，加强低碳技术的基础研究和应用研究，为企业的低碳研发提供坚实的平台。发展壮大低碳产业，既要以绿色低碳技术培育孵化新兴产业，将绿色低碳产业打造成为国民经济发展的重要支柱；又要引导传统企业采用新技术和现代化设备，扩大低碳产品生产，实现传统产业低碳化转型。要围绕铁、铜等短缺矿产资源，在国内重点资源地适当建设一批高标准的矿山项目和矿产资源高效开发利用基地。积极利用"城市矿产"，发展循环经济。积极完善再生资源相关标准和政策，实现再生资源对原生矿产的有效补充。

2.加大初级产品消费领域节约力度。在消费领域，增强全民节约意识，倡导简约适度、绿色低碳的生活方式。建立健全相关低碳消费教育体制，提高公众环境认知能力，积极引导居民消费意识的进一步转变，从而形成良好的低碳消费氛围，使低碳理念逐渐成为一种习俗惯例，低碳消费成为自觉行为，从"爱惜一滴水，珍惜一粒粮，节约一度电"入手，倡导简约适度、绿色低碳的生活方式，提高能源资源循环利用效率。

能源是人类文明进步的基础和动力，攸关国计民生和国家安全，关系人类生存和发展。能源利用效率过低不仅造成了能源资源的巨大浪费，而且在能源生产、使用过程中产生了温室气体排放、地质结构改变、环境污染等一系列问题。因此应当加强用能管理，采取技术上可行、经济上合理以及环境社会可以承受的措施，减少从能源利用各个环节中的损失和浪费，更加有效、合理地利用能源。矿产资源属于非可再生资源，其储量是有限的。矿产资源的节约要求矿产资源使用方转变资源利用方式。因此应当完善资源高效利用和管理制度，合理调控资源开发利用强度，严格矿山最低开采规模准入要求，提升矿业集中度。鼓励资源循环利用，推进资源有效保护、规模开发和集约利用。

（二）提高自主供给能力

增强国内初级产品生产与供给保障能力，要从生产、供应、储备、销售、加工全链条增强防范风险的能力，确保基础能源和重点民生商品安全供应的底线。

提高初级农产品供给能力，必须着力提高农业综合生产能力，抓好耕地和种源两个关键点，严守18亿亩耕地红线，推进高标准农田建设，深入实施种业振兴行动，提高农机装备水平。确保初级农产品稳定供给，还应当提高农业生产主体的食品安全意识、规范农业投入品的投放和使用、推广先进的农业生产技术，促进初级农产品的可持续发展。从长期来看，我国保障好初级农产品供给要由重在生产领域兼顾流通领域，向生产、流通和消费并重转变，特别要重视在消费环节保障居民粮食安全工作。

要以物联网、大数据、云计算、人工智能技术等先进技术手段作为能源供需两侧协调互动、互补互济的桥梁，促进产品、技术和服务的快速优化迭代，推动智能电网、微网、虚拟电厂等新业态的进一步发展，打通能源产供储销体系堵点，加快提升能源产业链智能化水平，进一步提升可再生能源发电效率和成本竞争力。煤炭是关系国计民生的重要初级产品，电力供应和安全事关经济社会发展全局。要立足以煤为主的基本国情，使市场在资源配置中起决定性作用，更好发挥政府作用，综合运用市场化、法治化手段，引导煤炭价格在合理区间运行，完善煤、电价格传导机制，保障能源安全稳定供应，推动煤、电上下游协调高质量发展。

针对总量有限的矿产，应当建立健全自主可控的矿产资源供应体系，在矿产资源开发中大力引进和推广新技术、新设备，提高生产效能。同时，推动矿产资源开发的结构优化，结合资源供需特点，从找矿增储、合理布局、调控总量、优化结构、资源配置、节约利用等方面实行差别化管理，提升政策统筹协调和综合保障力度。战略性矿产资源是经济社会发展的基础原料，要加大国内紧缺性矿产资源勘查和开发力度，争取快速突破，增加矿产资源储量。积极开展现有矿山深部和周围找矿，延长矿山服务年限，确保资源持续供应。鼓励国内重点企业积极参与境外资源勘探开发，建设采选冶一体化等综合性资源基地。

（三）深化资源国际合作

初级产品的特点决定了任何国家都不可能仅靠国内的资源来发展经济。因此，在立足国内资源的同时必须尽量建立国外资源供应基地，具备多元化、多样化的战略资源储备，推动国内国际两个市场、

中国经济如何稳中求进

两种资源深度融合，掌握更多国际初级产品的生产和运输能力，实现供给渠道的多元化，实现可持续发展。要按照着力畅通国民经济循环的要求，深入查找、打通海关工作领域中存在的不利于形成国内国际双循环相互促进的新发展格局的堵点，打造更有利于"引进来""走出去"的海关政策软环境和海陆空立体化内外衔接顺畅的口岸物流通道，促进加快形成内外联通、安全高效的物流网络；支持外贸促稳提质，稳妥有序扩大初级产品、关键核心零部件进口，服务保供稳价，保障产业链和供应链稳定。

1. 深化政府层面的合作交流，以产业互补为牵引，与"一带一路"沿线资源禀赋较丰裕的国家和地区建立深度可靠的合作机制，推动我国初级产品相关产业链与供应链循环畅通，加强矿业国际合作，利用"两个市场、两种资源"，构建多元化保障体系。一些发展中国家经济市场化和生产国际化的趋势已预示出外国投资对发展中国家贸易前景的影响，因此，充分利用国外投资有利于发展中国家参与国际分工，并在与各国经济互补性中逐步提高生产结构和贸易结构。

2. 加强对"走出去"企业的引导和服务，鼓励企业通过建立生产基地、合资并购、建立海外产业园区等多种方式，获得稳定的初级产品供应。同时积极为企业营造良好的营商环境，协调解决相关问题，优化办事程序。鼓励企业逐步"走出去"，在全球范围更好地配置资源。实施企业"走出去"方针有助于增加国外对相关行业产能扩大投资，提升中国企业下游制造与上游原料供应链的内部整合性和协调性，还有助于中国国际投资存量头寸结构的合理化调整。

3. 增强初级产品定价的市场话语权。在国际贸易领域，我国是能源、粮食、铁矿石等大宗商品的进口大国，要增加在国际市场的话语权，培育有竞争力的交易所、制定符合市场规律的定价机制、培养引进国际期货专才。要增大国内期货市场在全球的影响力，达到世界"定价中心"的地位，除了各项交易指标稳定地成长之外，更需要培育一批规范运行、理性操作的大型国内机构投资者，引进国外投资者和资金，同时有序放开国内投资者和居民参与境外期货交易，从贸易、投资和投机等各个环节实现国内外现货和期货市场的"大融通"。通过期货市场的国际化，提升我国期货市场的国际参与程度，推动我国期货价格逐步发展成为国际贸易的定价基准，从而提升我国在国际初级产品市场上的定价影响力和话语权。

第十三章
正确认识和把握防范化解重大风险

"增强忧患意识，做到居安思危，是我们治党治国必须始终坚持的一个重大原则。"进入新发展阶段，我国发展内外环境发生深刻变化，要求我们正确认识和把握防范化解重大风险，尤其是重大金融风险。要坚持统筹发展和安全，坚持底线思维，时刻准备应对重大挑战、抵御重大风险、克服重大阻力、解决重大矛盾，决不能躲进小楼成一统，而是要扬帆大海经风浪，坚定不移推进金融供给侧结构性改革，在深化改革和高水平开放中提高防控风险的能力。

2021 年底召开的中央经济工作会议认为，进入新发展阶段，我国发展内外环境发生深刻变化，面临许多新的重大理论和实践问题，需要正确认识和把握，其中之一就是要正确认识和把握防范化解重大风险，主要是重大金融风险。会议要求，要继续按照稳定大局、统筹协调、分类施策、精准拆弹的方针，抓好风险处置工作，加强金融法治建设，压实地方、金融监管、行业主管等各方责任，压实企业自救主体责任。要强化能力建设，加强金融监管干部队伍建设。化解风险要有充足资源，研究制定化解风险的政策，要广泛配合，完善金融风险处置机制。实现中华民族伟大复兴中国梦，前进的道路上会有各种各样的"拦路虎"、"绊脚石"，不可能敲锣打鼓、顺顺当当就实现，需要时刻准备应对重大挑战、抵御重大风险、克服重大阻力、解决重大矛盾，需要坚持统筹发展和安全，坚持底线思维。

一、防范化解重大风险事关国家安全

习近平总书记指出："增强忧患意识，做到居安思危，是我们治党治国必须始终坚持的一个重大原则。我们党要巩固执政地位，要团结带领人民坚持和发展中国特色社会主义，保证国家安全是头等大事。"①

---

① 《习近平谈治国理政》第一卷，外文出版社 2018 年版，第 200 页。

中国经济如何稳中求进

改革开放以来，我们党始终高度重视正确处理改革发展稳定关系，始终把维护国家安全和社会安定作为党和国家的一项基础性工作。新形势下，国际环境继续发生深刻而复杂的变化，我国国家安全面临的威胁和挑战增多，特别是各种威胁和挑战联动效应明显。随着我们事业的不断前进和发展，新情况新问题就会越多，面临的风险和挑战就会越多，面对的不可预料的事情就会越多。2015年资本市场的剧烈波动说明，个别监管框架存在着不适应我国金融业发展的体制性矛盾，也再次提醒我们必须通过改革保障金融安全，有效防范系统性风险。近年来，我国经济发展处于增长速度换挡期、结构调整阵痛期、前期刺激政策消化期"三期叠加"阶段，实体经济边际利润率和平均利润率下滑，大量资金流向虚拟经济，资产泡沫膨胀，金融风险逐步显现，社会再生产中生产、分配、流通、消费整体循环不畅。加之国外环境复杂多变，由美方挑起的中美贸易摩擦变数依旧较大。2020年，新冠肺炎疫情"黑天鹅"突然来袭，对全球经济金融体系带来较大冲击，我国同样难以独善其身。

金融活，经济活；金融稳，经济稳。经济兴，金融兴；经济强，金融强。经济是肌体，金融是血脉，两者共生共荣。金融是国家重要的核心竞争力，金融安全是国家安全的重要组成部分。金融风险是长期潜伏的病灶，隐藏得很深，但可能爆发在一瞬之间。美国次贷危机爆发就是一夜之间的事情。如果我们不能提前预判和防范，金融领域爆发风险的可能性是存在的。因此，我们一定要居安思危，增强忧患意识、风险意识、责任意识，保持清醒头脑，着力解决经济社会发展中的突出矛盾和问题，有效防范各种潜在风险。如果发生重大风险又扛不住，国家安全就可能面临重大威胁，全面建设社会主义现代化国家进程就可能被迫中断。我们必须把防风险摆在突出位置，"图之于未萌，虑之于未有"，力争不出现重大风险，或者在出现重大风险时扛得住、过得去。

二、我国主要金融风险隐患点剖析

经济转型期各类风险不断累积，尤其是金融风险易发高发。我国经济正处在转变发展方式、优化经济结构、转换增长动力的攻关期，经济发展前景向好，但也面临着结构性、体制性、周期性问题相互交织所带来的困难和挑战，面临着跨越"中等收入陷阱"并向高收入国家迈进过程中所遭遇的种种问题，加上新冠肺炎疫情冲击，使我国经济运行面临较大压力，推进供给侧结构性改革过程中不可避免会遇到一些困难和挑战，经济运行稳中有变、变中有忧。过去，经济高速发展掩盖了一些矛盾和风险。现在，伴随着经济增速下调，各类隐性风险逐步显性化。虽然系统性风险总体可控，但不良资产风险、流动性风险、债券违约风险、影子银行风险、外部冲击风险、房地产泡沫风险、政府债务风险、互联网金融风险等不容小觑，金融市场上也乱象丛生，操纵市场和幕后交易的"金融大鳄"严重影响金融市场的健康发展。我们要积极稳妥防范处置突出风险点，不忽视一个风险，不放过一个隐患，防患于未然，确保金融安全高效稳健运行。

（一）房地产泡沫是事关我国经济金融和社会发展全局的重大问题

房地产行业是高杠杆行业，是资金密集型行业，房地产开发的高周转特征决定其对资金的需求特别大。房地产泡沫经常是金融危机的诱导因素。从全球历次金融危机的教训来看，都与房地产泡沫的破裂密切相关，甚至可以说是"十次危机九次地产"。从我国房地产金融形势来看，房地产市场的平稳性与防范系统性金融风险密切相关，房地产风险是引发系统性金融风险的重要来源之一。

1. 房地产市场的剧烈波动会增加银行业面临的信用风险。房地产的资金来源主要是银行贷款，有潜在的违约风险，这种风险源自房地产价格波动对房地产行业和金融市场体系的冲击。当房价上涨导致的房地产泡沫越来越大时，容易诱发系统性金融风险。在房价处于上涨预期中，房地产抵押品价值增加，银行向房地产行业的贷款也会增加，导致信贷风险扩大；在房价上涨的预期发生扭转之后，银行贷款减少，房地产行业流动性不足，抽贷、断贷现象发生，信贷违约风险增加，最终极有可能诱发系统性金融风险。这就是房地产价格波动引发系统性金融风险的传导机制。

2. 整个经济体系过度依赖于房地产。近年来，大量的制造业、实体企业也都将投资转向房地产业，家庭部门的资产负债率急剧上升，房地产价格的快速上涨使房地产市场存在较大的泡沫危机，增加了商业银行的信贷风险及由此引发的系统性金融风险。

3. 房地产企业融资方式"五花八门"，与金融机构的联系"千丝万缕"。大量的房地产企业通过信托、资管计划等各类非银渠道进行融资，多层嵌套、渠道隐蔽、模式复杂、风险链条加长等问题较为严重，极有可能将房地产领域的风险传导至整个金融体系。

4. 房地产行业关乎整个经济体系，进而影响金融安全。房地产行业涉及众多上下游行业，其经营效益影响整个产业链的经营效益和偿债能力，进而关乎经济增长形势和金融安全状况。

（二）平台垄断下的新型金融风险不断出现

科技与金融的融合没有消除金融行业固有的流动性风险、信用风险和期限错配风险等，同时又带来了一些新的风险。传染性、涉众性更强，网络数据信息安全风险更加突出，混业经营特征更加明显，风险扩散速度更快，溢出效应更强，"垄断"与"系统性"的关联更加紧密。在平台机构进入金融领域发展的过程中，从业机构良莠不齐，部分垄断性平台机构风险防控体系不健全，加大了发生系统性金融风险的隐患。

1."大而不能倒"平台机构增加了爆发系统性金融风险的隐患。金融机构不同于普通企业，一旦出问题就可能引发系统性金融风险。在美国次贷危机中，"大而不能倒"的金融机构放大了风险，对金融市场的稳定性带来巨大冲击。在此之后，国际社会都对系统重要性金融机构有了新的认识和新的监管框架。系统重要性金融机构的监管模式是对"大而不能倒"理论的延伸。垄断性平台机构占据了市场主导地位，交易规模巨大，跨界混业经营，市场覆盖面广，关系到海量用户的切身利益，已经成为影响极大的金融机构。一旦垄断性平台金融机构经营不力出现风险暴露，甚至出现倒闭风险，影响会非常广泛，能够引发严重的风险传染，形成系统性金融风险。

2. 以科技之名行金融之实的问题严重。所谓最具"创新"色彩的大型平台金融机构，所开展的业务仍然是支付、吸收存款、发放贷款、货币市场基金、代销金融产品、保险业务等，所不同的是扩展成了综合金融服务平台，混业程度更高，引发系统性金融风险的可能性更大。

3. 诱导过度负债消费导致的高杠杆和违约风险。部分平台机构在监管相对不足、只注重眼前利益的情况下，将大量消费贷款投放给偏好超前消费、实际收入低、还款能力弱的群体，导致过度负债消费，积聚了金融风险。

4. 数据泄露的风险。平台机构通过科技手段形成庞大的金融网链，汇聚了大量消费者数据，掌握着客户账户、支付、存取款等信息。通过对数据的分析，能够对每个个体进行精准画像。将数据汇聚起来，可以对整个社会偏好、社会安全进行分析。当前的智能化数据为平台金融机构的相关业务提供了便利条件，但风险也伴随而来。一旦发生数据泄露，消费者利益会受到极大威胁。

（三）金融腐败是引发系统性风险的重大隐患

金融腐败呈现出一些独特的特点，一方面，金融体系潜藏着巨大的利益诱惑，存在着暗箱操作的空间和权力寻租的途径。这些特征导致金融腐败涉案金额巨大，造成的经济损失非常严重。另一方面，金融腐败具有链条化特征，容易沿着业务链条进行传染，扩大其危害性，扰乱市场秩序，最后引发系统性金融风险。

1. 金融腐败冲击金融市场。商业银行是金融腐败高发、大案要案集中的行业。小到基层员工，大到银行高管甚至行长、董事长，都有可能发生腐败问题，腐败领域覆盖整个商业银行业务流程。同时，证券市场的腐败行为波及面广，影响恶劣。证券市场一旦爆发腐败案件，涉及大量投资者切身利益，涉案金额动辄上亿元，影响极坏。证券市场的腐败形式包括内幕交易、操纵市场、虚假信息及"老鼠仓"等，多种多样、层出不穷，隐蔽性极强，界定和查处都比较困难。

2. 金融腐败威胁国家金融安全。金融领域的巨大利益诱惑催生了一批金融蛀虫，滋生了各种金融腐败行为，这不仅对单个金融机构造成损失，更会威胁到国家金融安全。金融腐败大案有可能形成挤兑风潮。金融市场的稳定很大程度上源于公众对于国家信用的信任，但金融腐败大案给银行业造成了极坏的社会影响，在一定程度上动摇了存款人的储蓄倾向，有可能导致挤兑风潮。

3. 金融腐败使金融"防火墙"形同虚设。金融腐败是金融监管最大的敌人，一旦金融腐败侵蚀到金融监管领域，就会发生以权谋私、利益输送、官商勾结等现象，这将严重弱化金融监管的效能，使金融安全网漏洞百出、形同虚设。金融腐败就是权力与资本的相互利用，实现各自利益的最大化，但稍有不慎，就会引发金融风险。

（四）地方政府隐性债务风险不容忽视

地方政府债务规模扩张及风险积累，是我国经济发展过程中的阶段性产物，目前管理措施正逐步规范。从国际比较而言，我国政府债务率指标并不高，相比美日等国家爆发的地方政府违约案例，我国地方政府的债务风险总体较为可控。但需要注意的是，除了显性的地方政府债务，我国地方政府隐性债务近年来有所抬头，包括违法违规举债担保、明股实债及政府购买服务变相融资等形式，这些构成我国地方政府债务重要的潜在风险点。近年来，对于违规举债的地方官员也有零星的、轻微的处分，但相对于因 GDP 政绩获得提拔的前景来说，受到处分的概率微乎其微，地方官员不难作出"理性"取舍。在各项指标考核和激励下的地方政府，通过大肆举债把 GDP 提上去，却无法顾及债务规模"滚雪球"似的不断扩张后所带来的严重后果，结果就是债务雪球在新官旧官间"击鼓传花"。债务置换是短期内不得已的选择，但无法阻止债务"雪球"越滚越大。违规举债、变相举债形成了大量的、没有纳入限额管理的地方政府隐性债务。地方政府隐性债务由于不透明，当前还难以估计其具体规模，成为地方政府债务的重要潜在风险点。

（五）资本无序扩张背后的金融风险

2021年中央经济工作会议提出要"要正确认识和把握资本的特性和行为规律"，"要发挥资本作为生产要素的积极作用，同时有效控制其消极作用。要为资本设置'红绿灯'，依法加强对资本的有效监管，防止资本野蛮生长"。资本是贪婪的，如果国家不去规范、管制，极有可能出问题。资本扩张最显著的特点就是高杠杆，即通过向金融机构借款、发债来加杠杆，相当一部分还是利用自己控制的金融机构进行关联交易。资本无序扩张引发金融风险，背后有一个共同的链条，即"资本无序扩张—高杠杆—金融风险"。资本扩张行为背后的过度高杠杆威胁着金融体系和金融市场的安全。高杠杆会引发金融脆弱性，杠杆的过度使用就是金融危机的根源，是危机形成的重要诱因。

1.高杠杆下的偿付风险。在扩张行为发生后，如果企业后续发展不理想，公司运营困难，财务成本支出会成为企业巨大的负担。当企业无法偿还扩张过程中所借的本金及利息时，就会导致企业违约，引发偿付风险。依靠高杠杆实现的资本扩张属于一种投机行为，在目标结果不明确、资金流动性压力较大的背景下，这种高杠杆会直接压垮资本扩张方。

2.高杠杆下的流动性风险。资本扩张过程往往伴随短债长投问题，一旦资金运转困难，就会出现流动性风险。尤其是收购过程中如果持续时间过长，收购企业容易出现流动性紧缺问题，这就会需要"过桥资金"，无疑增加了财务压力。此外，即使扩张完成之后，仍然需要大量资金维持基本运营，如果再融资遇到困难，资金无法及时到位，企业同样面临流动性风险问题。

3.高杠杆背后的多层嵌套问题突出。融资方在杠杆收购过程中，往往会动用多家金融机构，通过设计复杂金融衍生品进行多层嵌套，想方设法绕开监管。多层嵌套下的风险隐蔽性更强，风险传播速度更快，资金链条更长，一个环节出现问题，整个资金链条就有可能断裂，极易引发系统性金融风险。

4.高杠杆下的虚假资本金风险。为了加杠杆，需要想方设法提高资本金，但这些资本金相当一部分是虚假的、违规的和变相的，更有甚者将所控股银行的存款资金、信贷资金转为资本金，将旗下保险公司的保费收入在集团内部交叉投资，最后也"巧妙"地转换为资本金。资本金增加以后继续加大杠杆，资金规模实现了天文数字般的膨胀。虚假的资本金加上不断提高的杠杆率，为接下来的扩张创造了条件，也给金融机构造成了风险隐患。

（六）美元作为核心储备货币带来的外部冲击风险

国际货币体系合理与否关乎全球经济金融稳定。历史上的银本位、金本位、金汇兑本位和布雷顿森林体系都是为建立国际货币体系而形成的不同制度安排。新冠肺炎疫情暴发之后，美国的货币政策再一次反映出当前国际货币体系存在缺陷，尤其是主权信用货币作为储备货币的内在缺陷。同时，在中美贸易摩擦的背景下，当前的国际货币体系必然会给我国的金融稳定和经济平稳发展带来风险。

1.美元享受了国际货币的权利，却没有承担相应义务。美国采取无限量的量化宽松政策应对金融市场波动，短期来看是有效的，但长期来看是在透支美元的信用。美国的货币政策更加偏向国内失业目标，而不考虑对外目标，不论是推出还是退出量化宽松货币政策，都会引起美元汇率大起大落，其他经济体都会受到汇率波动和资本非正常流动带来的冲击。对于美联储而言，国内货币政策目标和各国对储备货币的要求经常是矛盾的，尤其是在发生金融危机期间。美国为了拉动本国经济可以不受限制向全世界举债，然后通过量化宽松减轻外债负担。其他国家只能被动防范汇率波动带来的风险。

2.各国外汇储备管理的风险加大。各国的外汇储备面临两难境地：一方面，大多数国家不得不积累大量的外汇储备以应对国际收支偿付风险；另一方面，由于国际汇率制度的不稳定，积累的外汇储备数额越多，面临的汇率风险越严重。

3.中美贸易摩擦增加了人民币汇率波动的风险。布雷顿森林体系崩溃之后，美元与黄金脱钩，增加了锚货币——美元指数的不确定性，伴随而来的就是各国货币汇率波动幅度的加大，货币本身在一定程度上被虚拟化，即美元本身只是一张纸，只有在美联储信用的支持下才有价值。由于美元与黄金脱钩后仅靠政府的信用来发行，因此，政治因素必然会对其他国家的汇率产生影响。如果国际经济形势紧张，那么必定会使外汇市场动荡，导致汇率大幅波动。

4.金融制裁极有可能成为美国手中的一把"利器"。在中美贸易摩擦不断扩大的背景下，需要谨防美国金融制裁给我国带来的风险。"金融制裁"是国际经济制裁的重要内容之一，随着全球经济金融化，全球金融美元化的发展，金融制裁的影响性日益凸显，其影响力比贸易制裁更大，却更容易被执行，更难以被规避。就金融制裁的手段来看，一是可以以各种理由冻结被制裁国的资产，甚至联合其他国家对被制裁国施压。二是可以利用其在国际金融组织中的影响力切断被制裁国使用美元的渠道。三是禁止全球金融机构与被制裁国进行交易。美国影响和控制全球金融体系的重要工具就是美元，每一个从事美元业务的金融机构都在美联储开立账户，如果金融机构不遵照美国的意志行事，美国轻则可以吊销该金融机构的信用证，重则对该金融机构进行巨额处罚，或者吊销其美国业务牌照。因此，大多数金融机构不会选择去"冒犯"美国，只能遵从美国的意志和规则。由此可见，与贸易制裁相比，金融制裁的影响力更大，不对称性更强，而这种不对称性来源于美元的霸权地位。

三、着力防范化解重大风险

提高防范化解金融风险能力，要以强化金融监管为重点，以防范系统性金融风险为底线，加快相关法律法规建设，完善金融机构法人治理结构，加强宏观审慎管理制度建设，加强功能监管，更加重视行为监管，以金融供给侧结构性改革搭建起防范系统性金融风险的"四梁八柱"。

（一）加强金融法治建设，整治金融乱象

金融市场乱象丛生是引发系统性风险的重大隐患。各种金融乱象特别是违法乱纪金融活动，后面牵涉的都是巨大经济利益和诸多关系纽带。要加强金融法治建设，重点整治乱办金融、非法集资、乱搞同业、乱加杠杆、乱做表外业务、违法违规套利等严重干扰金融市场秩序的行为，加强互联网金融监管，严格规范金融市场交易行为，严格

规范金融综合经营和产融结合。要强化金融风险源头管控，严把市场准入关，强化金融机构防范风险主体责任，加强社会信用体系建设。要坚决取缔非法金融机构，禁止非法金融活动，持续深入打击非法集资活动，一般工商登记注册企业一律不得从事或变相从事法定金融业务，谁都不能无照驾驶。特别是要依法严厉打击一些打着"高大上"旗号、花样百出的庞氏骗局。对违法犯罪金融活动要敢于亮剑，对涉嫌利益输送和权钱交易的内鬼、操纵市场和幕后交易的"金融大鳄"、顶风作案的非法集资和地下钱庄要加大惩处力度，形成震慑。

（二）压实地方、金融监管、行业主管等各方责任

金融风险的源头在高杠杆。首先，要坚决遏制新增地方政府隐性债务。地方政府要加快转变发展理念，不能再走靠高负债拉动增长的老路。要刹住无序举债搞建设的风气，防止融资平台公司变相替地方政府融资。地方财政要通过政府债券方式规范举债，合理确定发债规模，"开前门、堵后门"，确保财政可持续。其次，要加强金融监管。金融的一个根本特点就是存在较大的外部性，这就要求金融监管必须从严。这一尺度，不应随着经济形势的变化而变成"橡皮筋"，而应"一把尺子量到底"，坚持一个标准。最后，去杠杆的重中之重就是降低国有企业的杠杆率。国家对市场化法治化债转股已作出决策部署。降低国有企业杠杆率，要同推动国有企业混合所有制改革结合起来，盘活存量资产，优化增量资产。要发挥资本市场和各类金融机构在企业兼并重组中的作用，实现新的价值创造。

（三）压实企业自救主体责任，促进房地产市场平稳健康发展

金融风险往往同经济过度房地产化密不可分，房地产市场充当了

过量流动性的蓄水池。房地产企业和金融机构相互渗透，使经济增长、财政收入、银行资产及利润等对房地产业形成高度依赖，房价不断高涨也使要素配置日益扭曲。对个别企业由于自身经营不善出现的风险问题，要按照市场化、法治化原则，妥善处理好自身的债务问题。要建立房地产健康发展的长效机制，要坚持"房子是用来住的、不是用来炒的"这个定位。要更加重视对需求侧的管理，引导好预期，同时要完善土地供应制度，采取更科学的土地供应方式，防止房价大起大落。要按照供给侧结构性改革的思路，完善住房供给体系，有效调整供给结构，在有条件的大城市以多种方式努力增加租赁住房供应。要积极推动房地产税改革，这有利于促进房地产调控走出困局。

（四）强化能力建设，加强金融监管干部队伍建设

一是要坚持系统观念。面对错综复杂的国际形势、艰巨繁重的国内改革发展稳定任务，需要坚持系统观念。系统观念是具有基础性的思想和工作方法，是辩证唯物主义的重要认识论方法论。要加强前瞻性思考、全局性谋划、战略性布局、整体性推进，统筹国内国际两个大局，办好发展安全两件大事，坚持全国一盘棋，更好发挥中央、地方和各方面积极性，着力固根基、扬优势、补短板、强弱项。习近平总书记强调"十个指头弹钢琴"，既坚持全面系统地推动，又以重点领域和关键环节的突破作为带动，只有如此，才能真正防范化解重大风险挑战。二是要培养一批科技驱动型金融监管人才。科技变革正在改变金融的交易规则，与此同时，新型金融风险不断涌现，这就需要将科技手段用于金融监管中，提升监管的效率和能力，减少监管"盲区"，降低监管成本。三是要治理金融监管干部队伍中的腐败问题。金融腐败与金融风险必然是交织在一起的，金融反腐是防范化解金融

风险、维护金融安全的重要一环。

（五）建设现代中央银行制度

建设现代中央银行制度是推进国家治理体系和治理能力现代化的重大任务。在现代信用货币体系下，中央银行对货币管理得好，就能够发挥出货币跨时空配置资源的积极作用，促进经济持续健康发展；中央银行对货币管理得不好，不是出现货币超发导致通货膨胀和资产泡沫，就是发生信用收缩，甚至造成经济金融危机。当前我国转向高质量发展阶段，正处于转变发展方式、优化经济结构、转换增长动力的攻坚期，需要以现代中央银行制度作为重要支撑，既支持经济转型升级，又防止发生严重通货膨胀或通货紧缩以及系统性金融风险，确保我国现代化进程顺利推进，维护国家安全。

1. 要完善货币供应调控机制，坚定执行稳健的货币政策，坚决管住货币信贷，防止宏观杠杆率快速上升。去杠杆是防范系统性金融风险的关键所在。去杠杆，千招万招，管不住货币都是无用之招。货币政策实施要处理好稳增长、调结构、控总量的关系，既保持经济平稳运行、促进提高发展质量和效益，也防止货币供应过于宽松而加大系统性金融风险。

2. 要稳慎推进人民币国际化。坚持市场驱动和企业自主选择，营造以人民币自由使用为基础的新型互利合作关系。保持人民币汇率弹性，发挥好宏观经济自动稳定器功能，实现内部均衡和外部均衡的平衡。提高参与国际金融治理能力，积极参与国际金融规则制定，加强与国际组织合作，推动建立多元、稳定的国际货币体系。

3. 要构建系统性金融风险防控体系。中央银行作为金融体系的最后贷款人，必须在事前事中事后全过程切实履行防控系统性金融风险的责任。健全宏观审慎管理体系，应对金融机构顺周期行为和金融风险跨机构跨市场传染，加强对系统重要性金融机构、金融控股公司与金融基础设施统筹监管，逐步将主要金融活动、金融市场、金融机构和金融基础设施纳入宏观审慎管理。强化金融监管协调机制，促使微观审慎监管不留空白。

（六）提高直接融资比重

提高直接融资比重，对于深化金融供给侧结构性改革，加快构建新发展格局，实现更高质量、更有效率、更加公平、更可持续、更为安全的发展，具有十分重要意义。深化金融供给侧结构性改革要以金融体系结构调整优化为重点。我国融资结构长期以间接融资为主，信贷资产在金融总资产中的比重超过70%。提高直接融资比重，有助于稳定宏观杠杆率，更好防范化解金融风险。

1. 要全面实行股票发行注册制，拓宽直接融资入口。注册制改革是资本市场改革的"牛鼻子"工程，也是提高直接融资比重的核心举措。稳步在全市场推行以信息披露为核心的注册制，全面带动发行、上市、交易、持续监管等基础制度改革，督促各方归位尽责，使市场定价机制更加有效，真正把选择权交给市场，支持更多优质企业在资本市场融资发展。

2. 要健全中国特色多层次资本市场体系，增强直接融资包容性。形成适应不同类型、不同发展阶段企业差异化融资需求的多层次资本市场体系，增强服务的普惠性。

3. 要推动上市公司提高质量。高质量的上市公司群体是资本市场健康发展的基石。推动上市公司改革完善公司治理，提高信息披露透明度，更好发挥创新领跑者和产业排头兵的示范作用，引领更多企业利用直接融资实现高质量发展。

（七）以金融供给侧结构性改革有效维护金融安全

"黑天鹅"事件是无法预知的事件，任何人都不要妄想会预测到下一个"黑天鹅"事件。"黑天鹅"事件很难预测，但脆弱性是可以衡量和判断的，没有"灰犀牛"的"配合"，"黑天鹅"扇不起大的风浪。全球之所以承受经济金融体系崩溃的压力，疫情仅仅是导火索，根源是长期以来积累的经济金融脆弱性。新冠肺炎疫情入侵了很多国家，但金融体系稳健、金融脆弱性程度较低的国家爆发金融危机的概率要小得多。我国要应对"黑天鹅"事件的冲击，关键是以金融供给侧结构性改革降低金融脆弱性，消除金融风险隐患点。防范化解重大金融风险是金融工作的重要任务，但并不意味着就此"因噎废食"。防范化解金融风险，决不能躲进小楼成一统，而是要扬帆大海经风浪，坚定不移推进金融供给侧结构性改革，在深化改革和高水平开放中提高防控风险的能力，改革必然海阔天空，守旧未必风平浪静。深化金融供给侧结构性改革，就是要紧紧围绕服务实体经济这一根本目标，守住不发生系统性金融风险这一基本底线，用好政府与市场"两只手"。以资本市场改革、利率市场化改革、普惠金融战略、加强金融监管和推进人民币国际化等改革为抓手推进金融供给侧结构性改革，搭建金融服务实体经济和有效防控金融风险的"四梁八柱"。

第十四章
正确认识和把握碳达峰碳中和

近年来，全球气候变化给人类生存和发展带来严峻挑战，以习近平同志为核心的党中央统筹国内国际两个大局，作出力争 2030 年前实现碳达峰、2060 年前实现碳中和的重大战略决策。实现碳达峰碳中和目标，必然要经历一个漫长的、复杂的制度、技术、市场和社会变迁过程，目标上要坚定不移，策略上要稳中求进。必须推动绿色低碳发展，调整产业结构，优化能源结构，积极培育绿色消费偏好，增加生态系统碳汇，推动经济社会发展全面绿色转型。

2021 年 12 月中央经济工作会议强调"要正确认识和把握碳达峰碳中和"。2022 年《政府工作报告》把"持续改善生态环境，推动绿色低碳发展"列为 2022 年经济社会发展的九大重点任务之一，"碳达峰碳中和"也成为 2022 年两会热词。《政府工作报告》强调要"处理好发展和减排关系"，"有序推进碳达峰碳中和工作"。推动绿色低碳发展时一定要厘清"双碳"工作中存在的误区，克服其中的风险与挑战。

一、关于实现碳达峰碳中和的低碳经济的误区

碳达峰碳中和目标的实现首先要靠经济发展由原来的高碳经济模式转型到低碳经济模式，但是当前发展低碳经济中各地区、各行业还存在着不少误区，只有厘清这些误区，才能正确认识和把握碳达峰碳中和。

（一）误区一：发展低碳经济意味着摒弃传统行业和产业

这种观点将低碳经济视为"独立经济模式"，是传统行业的替代品。但实际上低碳经济不是一个"替代模式"，而是"升级模式"。传统行业和产业是工业的基础，而低碳经济应该理解为工业发展的高级阶段，是植根于传统产业基础，又高于传统产业的一种发展模式。通

过技术革新，低碳经济在传统行业的基础上改变了发展模式，从高消耗低效率转向低消耗高效率，在减少碳排放的同时也保持了一定的产出。由于历史原因和国家经济发展阶段的差异，发达国家已经完成了工业污染治理，目前的重心在于减少碳排放，而对发展中国家而言则必须走同时减少工业污染和碳排放的发展道路。

（二）误区二：高碳意味着经济高增长，低碳意味着经济低增长

有观点认为，低碳经济就是"低速经济"。理论上讲，综合考虑减少碳排放对人民健康、能源安全、环境保护等方面的积极因素，GDP减速产生的经济成本可能会被完全抵消。同时，低碳经济的发展也将带动大量相关投资，进而拉动经济增长。国家发展改革委价格监测中心预测，2021—2060年，碳中和带动的投资规模将达到139万亿元。清华大学气候变化与可持续发展研究院也预测，在1.5度温升控制目标下，2021—2050年碳中和将带动投资规模174万亿元。此外，低碳经济将有力促进就业。根据国际劳工组织发布的《2018年世界就业和社会展望：绿色就业》，到2030年，电动汽车、清洁能源、绿色金融等创新型新兴产业将为全球创造2400万个就业机会，而煤炭、石油开采等高碳产业失去的就业岗位仅有600万个。

（三）误区三：低碳经济意味着"低效经济"

低碳经济的核心是新能源技术，现阶段新能源技术成本是较高的。对于发展中国家来说，没有雄厚的工业基础，直接与"低碳经济"接轨，面临的主要问题便是初期建立体系的高投入和高成本。特别是在工业流程优化程度低，主要矛盾仍停留在改进效率层面的

背景下，直接向"低碳"流程过渡的成本非常巨大。但是，随着科学技术的日新月异，太阳能发电成本呈现出不断下降趋势，最终将达到或接近常规发电成本。另一种情况是，使用新能源减少温室气体排放有助于降低成本，并且不需要很高的技术。例如，农业生产活动留下的大量农业废弃物，如果处理不当，这些废弃物就会释放二氧化碳，从而加剧全球变暖。在无氧状态下不完全燃烧农业废弃物，不仅稳定了木炭存在形式，肥沃了土壤，而且具有碳储存功能。如果把一定比例的 GDP 用于低碳经济的发展，就可能避免将来几倍的 GDP 损失。

（四）误区四：低碳经济就是"零碳经济"

从高碳到低碳，是一项庞大复杂的系统工程，必须循序渐进，分阶段进行。现阶段的经济发展离不开钢铁、水泥、建材等高耗能物质支撑。任何经济体都需要有一些能耗相对较高、排放水平相对较高的产业和产品来保障经济运行。发展低碳经济并不意味着完全抛弃传统产业，只要符合低碳经济的"最少和最大"内涵要求，就不能完全排斥技术先进的高能耗产业和产品，而应尽一切努力降低碳强度，提高碳效率。发展低碳经济并不是单纯限制高能耗产业的引进和发展，只要这些产业的技术水平处于国内领先地位，就能适应低碳经济发展的需求。

（五）误区五：低碳经济就是"减排经济"

虽然在发展低碳经济的过程中，节能减排是重中之重，但低碳经济并不是简单的"减排经济"。低碳经济必须包括增加碳汇和减少碳源。有研究指出，中国森林覆盖率每增加 1%，就能固定从大气中吸收 0.6 亿—7.1 亿吨的碳。我国森林覆盖率从 20 世纪 80 年代初的 12% 提高到 2020 年的 23.04%，可以吸收固定二氧化碳 3.7 亿—92 亿吨。森林覆盖率越高，森林质量越高，碳汇能力就越强。因此，我们一方面要加大节能减排力度，努力减少碳源；另一方面要巩固和提高森林覆盖率，增加森林碳汇，挖掘碳汇潜力。

（六）误区六：低碳经济就是"道德经济"

从中长期来看，发展低碳经济是人类可持续发展的必然选择，这与"道德"无关。但近几年来，并不排除西方国家改变碳经济模式，在新的平台和新的游戏规则中，利用低碳技术的领先地位，重新扩大实体经济的竞争优势。此过程势必对以制造业为主的新兴国家的经济发展带来极大制约。过去 15 年间，中国单位 GDP 的二氧化碳和其他温室气体排放量年均减少了 4.9%，美国、德国仅为 1.7% 和 2.7%，印度为 1.3%。美国等西方国家并不因此认为自己的经济"道德"不高，而中国的经济"道德"最高。因此，低碳经济不是"道德经济"，而是实实在在的国家博弈的必然结果，是人类社会发展的必由之路。

（七）误区七：低碳经济就是"交易经济"

《京都议定书》的生效为全世界创造了一种特殊的交易商品——温室气体排放权。国内部分人认为，低碳经济就是"交易经济"，发展低碳经济就是发展"碳交易市场"。事实上，碳交易市场是一个新生事物，碳交易的规则尤其复杂，存在着难以想象的各种困难。中国应当立足本国国情，练好"基本功"，打好"组合拳"，积极开展低碳经济试点示范，试行低碳评价考核制度，大力推进绿色技术和市场机制创新，探索控制温室气体排放的体制机制，走好具有中国特色的绿色低碳发展之路。

（八）误区八：低碳经济是政府的工作

发展低碳经济不仅关系到地球上所有国家和地区，还关系到所有人。发展低碳经济需要每个人行动起来：如果你是专家，你是否在探寻低碳能源技术？如果你是领导干部，你作决策时是否考虑到低碳？无论你是否有技术、决策权，你都一定会生活或消费，那么你的生活方式和消费观念是否符合低碳的要求？低碳经济并不只是政府的工作，而是涉及每个人、每个家庭、每个企业、每个社区、每个城市和乡村。

（九）误区九：发展低碳经济只是一个短期热点

很多城市在发展低碳经济时，只能够集中资源创建"示范区"，打造"样板工程"。低碳经济在很多人看来也只是一个"热点"，他们没有看到低碳经济的"方向性"，只是将其理解为一个"概念产业"。因此，为了跟上低碳发展步伐，很多城市在缺乏战略规划的情况下，开始了诸如"低碳城市实践区""低碳生活示范区"的建设，短期内投入了大量资源堆起一个个"样板"。这种缺乏长期规划的低碳经济发展模式反而是资源的浪费，低碳经济发展模式不是单一的硬性结构，而是灵活的、可调整的结构。每个地区都应该根据自己的工业基础和地缘优势，发展适合自身的低碳经济模式，而不是生搬硬套国外的发展模式到自己的经济发展和城市建设之中。要从长远和整体的角度来考虑低碳经济的建设，才能够将初期的投入转化为未来的回报。

（十）误区十：低碳经济是"未来经济"

有人认为低碳经济只是一个新概念，与我们的现实相去甚远，还没有到需要重视的阶段。这种观点是错误的。首先，低碳经济已经存在于中国的经济生活之中。节能减排、循环经济、绿色经济中都有与低碳经济相关的内容，低碳经济以"碳排放量"为指标，将环境保护和经济发展更加紧密地结合在一起。其次，低碳经济不能简单理解为发展新能源经济，也不能仅仅着眼于加速淘汰高能耗、高污染的落后生产力，更应该关注如何将生活方式、消费方式向低碳生活目标进行转化。作为低碳经济的一个方面，低碳生活的主体是城市居民，也就是说，低碳经济在当下与我们的生活是密切相关的，不是遥不可及的"未来经济"。

二、实现碳达峰碳中和目标的风险与挑战

当前全国上下正在全力推进碳达峰碳中和工作，必须清晰认识实现"双碳"目标的风险与挑战，研究需要做好的重点任务，纠正运动式"减碳"，坚决遏制"两高"项目盲目发展。

（一）运动式"减碳"频现

运动式"减碳"突出表现为企业在经营时虚喊"低碳"口号，借此蹭热度、抢风口，政府实施盲目、缺少科学规划的"减碳"措施。如果任由此类不切实际的运动式"减碳"发展下去，将会破坏党中央对碳达峰碳中和目标的统一战略部署，将对中国碳达峰碳中和进程形

成重大的负面影响。

碳达峰碳中和是一场经济社会系统性变革，是一项复杂工程和长期任务，不可能一蹴而就、毕其功于一役。党中央、国务院特别强调要"先立后破"，一是推进减碳基础设施的建设工作，比如新型电网、新能源系统、电力体制改革、碳排放权交易市场等，在保障经济平稳运行的基础上去煤减碳；二是要处理好经济发展和减少碳排放、政府和市场等多方面关系，不搞运动式"减碳"，科学有序地做好减碳工作。

因此，制定全局的、长远的行动方案尤为关键。2021 年，碳达峰碳中和顶层设计文件出台实施，"1+N"政策体系加快完善，有关部门正在加快制订各领域各行业具体的实施方案和保障措施，加快统筹衔接，高水平地推进节能降碳工作，努力构建碳达峰碳中和工作的良好开局。

（二）"两高"项目争先达峰

2021 年是"十四五"开局之年，全国各地为实现碳达峰碳中和目标积极采取行动，但同时也暴露出"两高"项目盲目扩张的问题。个别地方"两高"项目上马冲动、管控不严，去产能工作不严不实，借"碳达峰"来"攀高峰、冲高峰"，发展高耗能产业的冲动强烈，严重影响了碳达峰目标的实现和区域环境质量的改善。

"两高"项目主要是指国家统计局发布的国民经济和社会发展统计公报中明确的"煤电、石化、化工、钢铁、有色金属冶炼、建材"六个行业中高能耗、高排放的投资项目。严格控制"两高"项目盲目发展是实现碳达峰碳中和目标的必然要求，也是推动绿色转型低碳发展的必由之路。如果任由"两高"项目盲目发展，将会直接影响产业结构优化升级和能源结构调整，直接影响碳达峰碳中和的工作成效。

"十四五"时期是 2030 年前实现碳达峰目标、持续改善环境质量的关键时期，要把实现减污降碳协同增效作为促进经济社会发展全面绿色转型的总抓手，不符合要求的高耗能、高排放项目要坚决拿下来。

2030 年前实现碳达峰，2060 年前实现碳中和，是我国向世界作出的庄严承诺。兑现这项承诺时间紧、任务重、责任大，不仅要严格控制达峰时的二氧化碳排放总量，还要在达峰后尽快实现碳排放的持续下降，实现正负抵消，达到相对"零排放"。因此，我国目前所面临的能源和产业转型任务非常艰巨，结构型污染问题依旧突出。

2021 年 5 月 30 日，生态环境部印发了《关于加强高耗能、高排放建设项目生态环境源头防控的指导意见》，对加强生态环境分区管控和规划约束、严格"两高"项目环评审批、推进"两高"行业减污降碳协同控制、依排污许可证强化监管执法、保障政策落地见效五个方面作出规定。立足区域环评、规划环评、项目环评、排污许可、监督执法、督察问责"六位一体"全过程环境管理框架，明确环境管理要求，引导"两高"项目低碳绿色转型发展。源头防控是遏制"两高"项目盲目发展的治本之策。通过强化环评和排污许可及监管执法，能够有效实施对"两高"项目的源头严防、过程严管、后果严惩，推动绿色转型和高质量发展。2021 年 7 月，生态环境部办公厅发布了《关于开展重点行业建设项目碳排放环境影响评价试点的通知》，为实施碳排放环境影响评价，推动污染物和碳排放评价管理统筹融合，组织河北、吉林、浙江、山东、广东、陕西各省及重庆市开展重点行业建设项目碳排放环境影响评价试点。

国家发展改革委要求各地把坚决遏制"两高"项目盲目发展作为一项政治任务抓紧抓实抓好。2021年5月20日，国家发展改革委办公厅印发《关于进一步加强节能监察工作的通知》，该通知明确重点监察内容即"两高"项目节能审查制度执行情况、单位产品能耗限额标准执行情况、用能设备和生产工艺淘汰制度执行情况、重点用能单位节能管理制度执行情况、节能服务机构开展服务情况等五个方面。之后，国家发展改革委在北京组织召开的部分地区碳达峰碳中和工作座谈会上要求，当前各地区要把坚决遏制"两高"项目盲目发展作为抓好碳达峰碳中和工作的重中之重，坚决遏制"两高"项目盲目发展，确保能耗双控目标完成，助力实现碳达峰碳中和。

（三）碳达峰碳中和研究与政策决策脱节

我国提出的碳达峰碳中和目标是在经济技术和社会发展条件下施加严格的目标约束，要注重发挥政策驱动作用，把碳达峰碳中和纳入经济社会发展和生态文明建设整体布局，实现经济社会系统性变革。因此，关于碳达峰碳中和的研究创新应提高站位，自觉按照国家"十四五"战略决策部署的新任务、新要求，研究回答碳达峰碳中和顶层设计等一系列重大理论与实践问题，真正形成符合国家与社会发展战略全局需要的理论。

要实现碳达峰碳中和目标，必然要经历一个漫长的、复杂的制度、技术、市场和社会变迁过程。目前，我国碳达峰碳中和目标的落实主要依靠五年规划、约束性目标和相关政策推动，亟须构建一套引领性、系统性的法治体系。考虑现阶段具体情况，可从能源、环境保护法律体系入手，逐步推动综合性气候变化立法工作。

在我国实现碳达峰碳中和目标的进程中，必须要充分重视理论研究和实践探索，为政策决策提供扎实的理论基础支持，并且在借鉴国际经验的基础上，结合自身实际，发挥制度优势，将碳达峰碳中和融入到经济、政治、文化、社会、生态文明建设各方面和全过程，努力如期实现碳达峰碳中和目标。

（四）国际上对中国的质疑与压力

习近平总书记在中法德领导人视频峰会上提到："应对气候变化是全人类的共同事业，不应该成为地缘政治的筹码、攻击他国的靶子、贸易壁垒的借口。"①

近年来，全球气候变化给人类生存和发展带来严峻挑战，历届联合国气候变化大会达成的协议规则成效寥寥，单边主义、地缘政治对抗、气候政治等问题愈发严重。

第一次工业革命以来，大国的兴衰很大程度上取决于化石燃料的获取和使用。丰富的煤炭资源对于英国工业的迅猛发展具有至关重要的作用，使之成为工业革命的发祥地和"日不落帝国"。自20世纪70年代"石油危机"之后，美国意识到石油和天然气等能源对经济发展的重要性，实施"能源独立"战略，确保美国油气供应安全。世界能源中心的每一次转移，都会导致世界地缘政治格局的相应变化。

能源转型、降碳减排既能为世界的和平与发展提供新的路径，也可能会严重冲击国际能源格局。目前大量进口化石燃料的国家将会逐步减少对出口国的依赖，改善其贸易平衡。如果这些国家能抓住主动权，发展好清洁与可再生能源系统，将可能在新的国际格局中成为领导者。而面对化石燃料需求下降的局面，可能会严重冲击那些未能提

---

① 《习近平相关新闻报道集（2021年4月）》，人民出版社2021年版，第19页。

前转型实现经济多样化的化石燃料生产国，使其陷入不稳定的状态。在此背景下，国际能源格局面临再平衡，未来全球能源转型和能源分布格局的变化将会重塑21世纪世界地缘政治格局。

能源安全是关系国家经济社会发展的全局性战略性问题，对国家繁荣发展、人民生活改善、社会长治久安至关重要。当今世界，能源格局正在发生深刻变化，呈现出生产西移、消费东移的态势。

国际能源格局新变化给中国能源安全发展带来了许多新的挑战。一是能源对外依存度的不断攀升使中国能源供应风险增大。国家高端智库中国石油集团经济技术研究院发布的《2020年国内外油气行业发展报告》指出，2020年，我国石油对外依存度高达73%，天然气对外依存度达43.2%。石油的对外依存度已经远超国际公认的50%的安全警戒线，而天然气的对外依存度也接近安全警戒线，能源供应安全风险不断上升。二是国际能源生产中心的西移导致中国能源安全隐患风险上升。首先，随着美国"能源独立"的实现，中东等主要产油区在其能源战略格局中的重要性降低，其可以放手在这些地区制造混乱局势，达到遏制竞争对手的目的。而目前中国能源进口主要来自中东地区，一旦发生混乱，将加大中国维护该地区稳定的代价和成本。其次，美国能源产量迅速崛起，在国际能源市场上占据越来越多的份额，在国际能源价格决定方面拥有更多的砝码。再加上其强大的经济、政治、科技和军事实力，美国在国际能源格局中获得越来越多的主导权，这将使中国在能源价格和能源进口等方面的风险因素增加。再次，随着中国的崛起，中美两国在国际事务中的竞争和博弈较以前大为增多，加上两国意识形态不同，美国对中国存有固执偏见，美国有可能使用能源作为武器和杠杆来遏制中国发展。

因此，在中国能源需求压力巨大、能源安全面临诸多挑战的情况下，我们必须站在国家发展和安全的战略高度，审时度势，借势而为，推动能源生产和消费革命，推动能源供给多元化，维护能源运输通道安全，积极参与全球能源治理。

三、推动绿色低碳发展

要实现碳达峰碳中和的目标，不是简单的降低二氧化碳排放量的问题，而是我国整个经济发展结构全面绿色转型的问题。我们必须推动绿色低碳发展，积极寻求更具可持续性、包容性和韧性的经济增长方式。

（一）加快转变经济发展方式，助力碳达峰碳中和

实现碳达峰碳中和是一场广泛而深刻的经济社会系统性变革，不仅是能源结构的调整，也是社会经济各方面的调整与变革。因此，我们必须加快转变经济发展方式，积极寻求更具可持续性、包容性和韧性的经济增长方式，加快建立健全绿色低碳循环发展的经济体系，建立清洁低碳、安全高效的现代化能源生产和消费体系。力争通过系统性社会经济转型、通过新的经济发展方式协同助力实现碳达峰碳中和目标，实现经济发展与减碳愿景目标。

深入实施可持续发展战略，大力推进资源节约型、环境友好型社会建设，加快推进节能减排；要把降碳摆在更加优先的位置，对减污降碳协同增效一体谋划、一体部署、一体推进、一体考核，严格控制工业、建筑、交通等领域二氧化碳排放，加大甲烷、氢氟碳化物等其他温室气体控制力度；研究制定碳税政策，推进全国碳市场建设；继

续加强气候变化影响和风险评估，提升城乡建设、农业生产、基础设施适应气候变化能力；统筹气候变化与生态环境保护工作，建设性参与和引领应对气候变化国际合作；深入打好污染防治攻坚战，建设生态文明治理体系；秉持人类命运共同体理念，积极引领全球生态文明建设，共建清洁美丽世界。

（二）调整产业结构，形成节能低碳的产业体系

首先，要着力调整传统工业行业结构，严格能源消耗总量和强度"双控"，强化能源节约利用，控制煤炭、钢铁、化工、电力等高能耗高排放行业的二氧化碳排放量；全面推行火电、钢铁、建材、有色、石化、煤化工等行业的节能减排和转型升级。其次，推动产业链的"延链、补链、强链"，在煤炭清洁利用、智慧电力、现代化工等领域积极进行技术创新。再次，坚决遏制高能耗高排放项目盲目发展，积极培育发展非资源型产业、绿色低碳产业。最后，尽快制定电力、钢铁、水泥、有色、石化、煤化工等重点行业的碳达峰行动方案和路线图，明确各行业达峰时间和达峰排放量，制定相关配套政策工具和手段措施，推动重点行业碳排放尽早达峰。在电力、钢铁、水泥等高碳排放行业开展碳排放总量控制，在排污许可证制度基础上探索试点碳排放许可制度。

（三）优化能源结构，建设清洁低碳、安全高效的能源体系

能源结构低碳转型是实现碳达峰碳中和目标的重要条件。为推动能源革命，加快构建清洁低碳、安全高效的能源体系和以新能源为主体的新型电力系统。首先，必须严格控制化石能源消费，"十四五"时期严控煤炭消费增长，"十五五"时期逐步减少。治本之策是以

习近平总书记关于"四个革命、一个合作"能源发展战略思想作为碳减排行动的重要遵循，从能源供给侧和消费侧两端发力，构建"清洁主导、电为中心"的现代化能源体系。要安全高效发展核电，因地制宜发展水电，大力发展风电、太阳能、生物质能、海洋能、地热能，积极发展绿色氢能，使可再生能源从能源电力消费的增量补充变为增量主体。其次，加快推进重点领域能源结构低碳转型，大力推行绿色用能模式，采取更加严格的能耗标准，支持推动工业、建筑、交通等重点行业和领域非化石能源替代和用能方式改变。推动加快发展新能源汽车、建筑光伏一体化等绿色用能模式，加快取暖、炊事用能等方面电能替代，提升全社会电气化水平。

（四）积极培育绿色消费偏好，倡导低碳节能的生活方式

随着生活质量不断提高，生活能源消费将步入刚性增长阶段，其快速增长将对碳达峰碳中和目标形成挑战。生活能源消费存在"棘轮效应"，易升难降，需要积极培育绿色消费偏好来加快绿色低碳生活方式的形成。首先，要进一步完善引导绿色消费的政策体系，制定相关细则，明确绿色消费中生产企业、零售企业、消费者、政府机构等主体的责任义务；加快拓宽绿色消费渠道，增加绿色消费形式，树立绿色低碳产品品牌，提升产品绿色消费的占比。其次，关注社会公众绿色消费行为的形成机制，关注低碳认知、低碳态度以及其他个体禀赋和心理特征因素在绿色消费行为形成中的传导机制。构建有针对性的环境教育和宣传模式，树立全民勤俭节约的消费观，抵制消费高耗高污产品，培养绿色消费的良好习惯，提升绿色消费的内生动力，在不断提高人民生活水平的同时，实现生活能源消费的低碳化转变。

（五）增加生态系统碳汇

实现碳达峰碳中和目标，增加生态系统碳汇也是重要手段之一。首先应该认识到碳汇绝不是简单的种树而已，而是提升整个生态系统的质量，才能更有效增加碳汇。我国通过统筹推进山水林田湖草沙系统治理，在增加生态系统碳汇上为全球作出巨大贡献。未来，我国要通过加快推进生态保护和修复重大工程、科学推进大规模国土绿化行动、加强提升生态碳汇能力的科学研究与技术开发、优化自然生态景观格局、构建仿自然生态系统结构、改善和提升生态系统功能、提高优质生态产品供给能力等一系列措施以用正确"姿势"提升碳汇。

后　记

　　疫情要防住、经济要稳住、发展要安全。2022 年 4 月 29 日召开的中共中央政治局会议为当前中国经济工作把舵定调。面对百年变局和世纪疫情相互叠加的复杂局面，在以习近平同志为核心的党中央坚强领导下，我国经济运行总体实现平稳开局。当前，经济发展面临诸多复杂因素，发展态势备受关注。为了帮助读者准备把握当前经济形势，理解党中央的要求，主要由中央党校（国家行政学院）经济学部的教授、副教授撰写本书。书稿紧扣 2022 年全国两会精神、2021 年中央经济工作会议精神，围绕中央经济工作会议的七项政策部署，五个"正确认识和把握"，分析当前经济形势，解读中国经济走向，有助于广大党员、干部、群众学习贯彻落实习近平经济思想，做好 2022 年经济工作，迎接党的二十大胜利召开。

　　本书被纳入中央党校（国家行政学院）国家高端智库系列丛书，既有学术深度和理论洞见，又结合实践进行分析和说明。通过深入浅出的语言、全面翔实的数据阐释中央经济政策，系统解读中国经济的重点热点问题，带领读者读懂中国经济。

　　按照本书内容的先后顺序，撰写分工具体如下：

　　第一章：曹立，中央党校（国家行政学院）经济学部副主任、教授。

第二章：王钺，中央党校（国家行政学院）经济学部讲师。

第三章：阎荣舟，中央党校（国家行政学院）经济学部副教授。

第四章：李江涛，中央党校（国家行政学院）公共管理部副主任、教授。

第五章：孙生阳，中央党校（国家行政学院）经济学部讲师；阎荣舟，中央党校（国家行政学院）经济学部副教授。

第六章：杨振，中央党校（国家行政学院）经济学部教授；崔琳，中央党校（国家行政学院）经济学部讲师。

第七章：汪彬，中央党校（国家行政学院）经济学部政府经济管理教研室副主任、副教授。

第八章：李蕾，中央党校（国家行政学院）经济学部教授。

第九章：陈宇学，中央党校（国家行政学院）经济学部教授。

第十章：李晨，中央党校（国家行政学院）经济学部讲师。

第十一章：解晋，中央党校（国家行政学院）经济学部讲师。

第十二章：邹一南，中央党校（国家行政学院）经济学部副教授。

第十三章：高惺惟，中央党校（国家行政学院）经济学部副教授。

第十四章：郭兆晖，中央党校（国家行政学院）社会和生态文明部副教授。

限于水平与学识，书中难免有不妥之处，恳请读者朋友批评指正。

编　者

2022 年 6 月

责任编辑：陈百万

封面设计：林芝玉

图书在版编目（CIP）数据

中国经济如何稳中求进 / 中央党校（国家行政学院）经济学部 编著；
　曹立 主编 . — 北京：人民出版社，2022.6
ISBN 978 - 7 - 01 - 024843 - 1

I. ①中… 　II. ①中…②曹… 　III. ①中国经济 – 经济发展 – 通俗读物
　IV. ① F124-49

中国版本图书馆 CIP 数据核字（2022）第 104341 号

中国经济如何稳中求进
ZHONGGUO JINGJI RUHE WENZHONG QIUJIN

中央党校（国家行政学院）经济学部　编著

曹　立　主编

人民出版社 出版发行

（100706　北京市东城区隆福寺街 99 号）

中煤（北京）印务有限公司印刷　新华书店经销

2022 年 6 月第 1 版　2022 年 6 月北京第 1 次印刷
开本：710 毫米 × 1000 毫米 1/16　印张：17.25
字数：206 千字

ISBN 978 - 7 - 01 - 024843 - 1　定价：56.00 元

邮购地址 100706　北京市东城区隆福寺街 99 号
人民东方图书销售中心　电话（010）65250042　65289539